讀品文化

The Office Psychology You've Never Learn

你還不懂的職場交往心理學

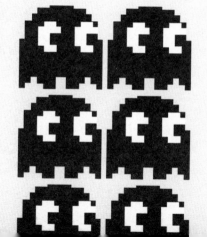

永續圖書線上購物網
讀品文化事業有限公司
WWW.foreverbooks.com.tw
yungjiuh@ms45.hinet.net

競爭力系列 51

你還不懂的職場交往心理學

編　　著　周旻憲
出 版 者　讀品文化事業有限公司
執行編輯　林美娟
美術編輯　蕭若辰

騰讯读书 BOOK.QQ.COM　华夏原创网 www.yuanchuang.com
本書經由北京華夏墨香文化傳媒有限公司正式授權，同意由讀品文化事業有限公司在港、澳、臺地區出版中文繁體字版本。

總 經 銷　永續圖書有限公司
TEL／(02)86473663
FAX／(02)86473660
劃撥帳號　18669219
地　　址　22103 新北市汐止區大同路三段 194 號 9 樓之 1
TEL／(02)86473663
FAX／(02)86473660
出 版 日　2013年03月

法律顧問　方圓法律事務所　涂成樞律師
CVS代理　美璟文化有限公司
TEL／(02)27239968
FAX／(02)27239668

國家圖書館出版品預行編目資料

你還不懂的職場交往心理學 / 周旻憲編著.
-- 初版. -- 新北市 : 讀品文化, 民102.03
面 ;　公分. -- (競爭力系列 ; 51)
ISBN 978-986-6070-77-8(平裝)
1.人際關係
177.3　　102000604

前言

《孫子兵法》有云：「攻城爲下，攻心爲上。」應對錯綜複雜的各種人際關係，如果只是做足表面功夫，卻沒有攻破對方的心防，那可能就會有另一句古話等著你嘍——人心難測啊！

想要掌握攻心之計？那就先好好學習一下心理學！

「心理學」這三個字一定讓你產生了「高山仰止」的錯覺，是不是覺得「心理學」淨是在講一些高深的理論，一點都不實用？是不是覺得這麼深奧的一門學問根本不是一朝一夕能學會的？千萬先別急著喊頭疼。

確實，如果僅僅把心理學當成一門理論來學習，捧著深奧的純理論書籍刻苦攻讀，那這個學習過程必然是枯燥、漫長且沒有針對性的。就像很多在英語考試中能拿滿分的孩子卻無法講出一句流利的英語，而有些人在國外生活過一段時間後就熟練的掌握了該國的語言，要想學以致用，我們最需要的是榜樣的力量。

在一些固有觀念中，我們似乎總會覺得善於與人相處的人心機太深、不夠善良，有人還會因此放棄經營自己的人際關係。但擁有一個健康的人際關係不僅有利於我們自己人生的發展，同時也是對他人的關心與善待。如果有一種溝通方式能讓我們在獲得利益的同時不傷害到他人的顏面與情感，那我們又何苦要放棄這種「雙贏」，反而選擇用笨拙的言行造成的兩敗俱傷的局面呢？

我們相信，在用心閱讀這本書之後，你會擁有一顆溫潤如玉的君子之心，你的生活也會因此而變得更精彩。

CHAPTER 01

見鬼說鬼話的溝通心理學

CHAPTER 02

討老闆歡心的補位心理學

CHAPTER 03

超級吸引力的辦公室心理學

CHAPTER 04

俘虜上司的晉升心理學

CHAPTER 01

見鬼説鬼話的溝通心理學

因人而異，看情況不同而表現

「因人而異」，在某些時候這句話是含貶義的。但是有的時候，你說一句別人愛聽的話，可以拉近彼此的距離。

對傲慢無禮的人說話應該簡潔有力；對沉默寡言的人就要直截了當；對於瞻前顧後、草率決斷的人，說話時要把話分成幾部分來講。

徐文遠是名門之後，幼年跟隨父親被抓到了長安，那時候生活十分困難，難以自給。他勤奮好學，通讀經書，後來官居隋朝的國子博士，越王楊侗還請他擔任祭酒一職。隋朝末年，洛陽一帶發生了饑荒，徐文遠只好外出打柴維持生計，湊巧碰上李密，於是被李密請進了自己的軍隊。李密曾是徐文遠的學生，他請徐文遠坐在朝南的上座，自己則率領手下兵士向他參拜行禮，請求他為自己效力。

徐文遠對李密說：「如果將軍你決心效仿伊尹、霍光，在危險之際輔佐皇室，那我雖然年邁，仍然希望能爲你盡心盡力。但如果你要學王莽、董卓，在皇室遭遇危難的時刻，趁機篡位奪權，那我這個年邁體衰之人就不能幫你什麼了。」

李密答謝說：「我敬聽您的教誨。」

後來李密戰敗，徐文遠歸屬了王世充。王世充也曾是徐文遠的學生，他見到徐文遠十分高興，賜給他錦衣玉食。徐文遠每次見到王世充，總要十分謙恭地對他行禮。

有人問他：「聽說您對李密十分倨傲，對王世充卻恭敬萬分，這是爲什麼呢？」

徐文遠回答說：「李密是個謙謙君子，所以像酈生對待劉邦那樣用狂傲的方式對待他，他也能夠接受；王世充卻是個陰險小人，即使是老朋友也可能會被他殺死，所以我必須小心謹慎地與他相處。我察看時機而採取相應的對策，難道不應該如此嗎？」

等到王世充也歸順唐朝後，徐文遠又被任命爲國子博士，很受唐太宗李世民的重用。徐文遠之所以能在五代隋唐之際的亂世保全自己，屢被重用，就是因爲他針對不同的人有不同的應對之法，靈活處世，懂得「因人而異，視情況不同而有所表現」。

朱元璋做了皇帝，他從前相交的一班朋友照舊過著很窮的日子，有一天，他從前的一個朋友跑到南京求見，准見之後便說：「我主萬歲！當年微臣隨駕掃蕩蘆州府，打破罐州城，湯元帥在逃，拿住豆將軍，紅孩子當關，多虧菜將軍。」

朱元璋一聽，隱約覺得他的話中包含了一些從前的往事，見他說得好聽，心裡很高興，所以立刻封他做了御林軍的總管。

這個消息讓另外一個朋友聽見了，他心想：「同是那時候一起玩的人，他去了有官做，我去當然也不會倒楣吧？」

於是他就去了，和朱元璋一見面，就直通通地說：「我主萬歲！還記得嗎？從前，你我都替人家看牛，有一天，我們在蘆花蕩裡，把偷來的豆子放在瓦罐裡煮著，還沒等煮熟，大家就搶著吃，把罐子都打破了，撒下一地豆子，湯都潑在泥地裡。你只顧從地上滿把地抓豆子吃，卻不小心連紅草葉子也送進嘴去。葉子哽在喉嚨口，害得你哭笑不得。還是我出的主意，叫你用青菜葉子放在手上一拍吞下去，才把紅草葉子帶下肚子裡去……」

朱元璋等不得聽完就連聲大叫：「推出去斬了！推出去斬了！」

朱元璋的第一位朋友很懂得眼下的朱元璋和他不再是過去的哥們關係，只有用君臣關係的身份說話，才能投其所好。儘管隱隱約約地提到兒時不光彩的事，但不傷害朱元璋的尊嚴，還討得朱元璋的歡心，做了大官。另一個朋友不懂「因人而異」的道理。雖然兩人所說的內容完全相同，但後一位窮朋友卻揭了朱元璋以前的狼狽相，傷了朱元璋的尊嚴，落得個被殺的下場。翻人家的污點，觸及人家的短處，不管是有意還是無意，對己對人都是不利的，我們在交際時應該小心這一點。

與人打交道的時候，無論是他人提到你的短處，還是你去提及他人的短處，即使是那些顯而易見的短處，基本都會招致當事人反感。對此，想讓交際順暢，最好的辦法就是「因人而異，看情況不同而表現」。

人常說：「不打勤的不打懶的，專打不長眼的。」人生在世有很多忌諱，如果你在無意之中觸犯了別人的忌諱，就會在無形之中得罪對方。所以在工作和生活中，與他人進行言語上的博弈時，一定要眼觀六路、耳聽八方，千萬不要觸犯了別人的忌諱。

委婉動聽，批評不傷人

批評是一柄雙刃劍，恰當的批評方式，不僅不會傷害到對方，容易被人接受，還可以樹立自己的威信。

人非聖賢，孰能無過？可是，當別人犯了錯誤，我們打算去批評對方的時候常會覺得非常棘手。在這樣的場合中，一方面，該說的話不能不說，根本利益不能犧牲，原則不可放棄；但另一方面，關係又不可弄僵，彼此的面子與和氣不能傷害。

戰國時，晏嬰是齊國一位善諫的大臣。齊景公的一匹心愛的馬突然死去，齊景公非常傷心，一定要殺掉馬夫以解心頭之恨。眾位大臣一起勸阻齊景公不可爲一匹馬而濫動刑罰，而齊景公卻已鐵定了心，眾人的勸告一概充耳不聞。

這時，相國晏嬰走了出來，眾臣都以爲晏嬰也有勸誡齊景公的意思，誰也沒有料到，晏嬰卻明確地表態說：「這個可惡的馬夫，該殺！」

齊景公十分高興，就把那個心含冤屈的馬夫喊來，聽晏嬰解釋他的罪過。

晏嬰歷數馬夫的三大罪狀：「你不認真飼馬，讓馬突然死去，這是第一條死罪；你讓馬突然死去，卻又惹惱君主，使君主不得不處死你，這是第二條死罪。」

聽晏嬰痛說馬夫的前兩條死罪，齊景公心中真是高興極了。可是晏嬰突然話鋒一轉，說出了馬夫的第三條罪狀：「你觸怒國君因一匹馬殺死你，使天下人知道我們的國君愛馬勝於愛人。因此天下人都會看不起我們的國君，這更是死罪中的死罪，罪不可赦！」

聽晏嬰訴說馬夫的第三條罪狀，齊景公開始還連連點頭咧著嘴笑。當晏嬰說到「使天下人知道我們國君愛馬勝過愛人」時，他張開的嘴卻定在那裡，臉上的表情也一陣紅一陣白。

晏嬰又吆喝一聲：「來人，按大王的意思還不推出去斬了！」

這時齊景公如夢初醒，趕緊對晏嬰說道：「相國息怒，寡人知錯了。」

晏嬰沒有正面批評齊景公，卻達到了勸諫救人的目的。可見，「裹著糖衣」的委婉批評會取得很好的效果。因爲對方認爲你的委婉是給了自己「面子」，感激之餘，就會積極地改正。反之，如果批評者語氣生硬，對方就會認爲你傷了自己的「自尊」，而心生反感，這樣就不會達到批評、教育人的目的。拐著彎兒說話，批評的話說的好聽，別人也能聽進心裡去。

古時候，有一個縣官很喜歡附庸風雅，儘管畫術不佳，但畫畫的興致很高。他畫的虎不像虎，反而像貓。並且，他還每畫完一幅畫，都要在廳堂內展出示眾，讓眾人評說。大家只能說好話，不能說不好聽的話，否則，就要遭受懲罰，輕則挨打，重則流放他鄉。

有一天，縣官又完成了一幅「虎」畫，懸掛在廳堂，召集全體衙役來欣賞。

縣官得意地說：「各位瞧瞧，本官畫的虎如何？」

眾人低頭不語。縣官見無人附和，就點了一個人說：「你來說說看。」

那人戰戰兢兢地說：「老爺，我有點怕。」

縣官：「怕，怕什麼？別怕，有老爺我在此，怕什麼？」

那人：「老爺，你也怕。」

縣官：「什麼？老爺我也怕。那是什麼，快說。」
那人：「怕天子。老爺，你是天子之臣，當然怕天子呀！」
縣官：「對，老爺怕天子，可是天子什麼也不怕呀！」
那人：「不，天子怕天！」
縣官：「天子是天老爺的兒子，怕天，有道理。好！天老爺又怕什麼？」
那人：「怕雲。雲會遮天。」
縣官：「雲又怕什麼？」
那人：「怕風。」
縣官：「風又怕什麼？」
那人：「怕牆。」
縣官：「牆怕什麼？」
那人：「牆怕老鼠。老鼠會打洞。」
縣官：「那麼，老鼠又怕什麼呢？」
那人：「老鼠最怕它！」來人指了指牆上的畫。

故事中，被點名的差役沒有直接說縣太爺畫的虎像貓，而是抬出天子也有怕的東西，拐了一個大彎兒，最後才指出老鼠怕畫裡的東西，即間接說明畫裡的像隻貓，這樣說話，讓縣官在眾人面前保住了臉面，又讓自己避免了一場災難。在自己處於弱勢的情況下，巧妙的批評更為重要，先肯定對方的實力、地位、權威，甚至他的道理，然後突然插入你的話鋒，委婉動聽地批評對方，結果會更加有效。

批評他人之時，如果語氣委婉，給自己的批評語言裹上一層「糖衣」，那麼，被批評者就會容易接受了。

積極溝通，才能得到老闆的重視

一個員工，只有主動跟老闆作面對面的接觸，讓自己真實地與老闆溝通，才有機會得到老闆的垂青。

在職場中，應積極與上司溝通，理解上司的心思，才能得到上司的認可。但是，許多員工對老闆有生疏及恐懼感，他們在老闆面前噤若寒蟬，一舉一動彆彆扭扭，極不自然，甚至就連工作中的述職，也儘量不與老闆見面，或托同事代爲轉述，或只用書面形式報告。然而，人與人之間的好感是要透過實際接觸和語言溝通才能建立起來的。

有一位財會專科的女生到一家公司應徵會計工作，財務經理對她不太滿意，但人力資源經理還是給了她一次機會，安排她從事客服工作。結果，這位女生的表現實在令人失望。她的性格過於內向，不喜歡溝通和交流，既不主動和同事打招呼，也不向「師傅」請教。很多時候，她不明白或者不清楚分配的任務也不會向老闆發問，只是就按照自己的理解去做，結果總是與老闆的要求相差甚遠，最終連這唯一的機會也喪失了。

據統計，現代工作中的障礙百分之五十以上都是由於溝通不良而產生的。一個不善於與老闆溝通的員工，是無法做好工作的。現在的每一家企業都可以說是人才輩出、高手雲集，在這樣的環境中，不去溝通的沉默者無異於慢性自殺，不會有什麼前途。如果想真正有所成就，必須要主動與老闆溝通。積極與老闆溝通，才能讓老闆認識到你的工作才能，才會有被賞識的機會，才可能得到提升。職場中，溝通中一半以上的資訊是靠肢體語言來傳遞的。因此，捕捉這些肢體語言，便成了與上級溝通中的重要一環。學會捕獲上級的肢體語言，可以從以下幾方面做起：

一、捕捉上級的眼神

眼睛是心靈的窗戶，眼睛所做出的視線行爲和眼球運動方式，都可能反映出上級內心的真實活動。在談話中，注意觀察上級的眼睛，包括視線的俯仰、正視或者斜視，瞳孔的收縮、眼球的轉動、眨眼的頻率等，都是很重要的語言信號。特別是在不能運用語言的特殊場合，上級可能會用眼睛示意你止住話題或者接著講下去，此時你更需集中注意力來體會。

二、留意上級的表情

只要你留意，上級的喜怒哀樂都可以從他的表情上閱讀出來。注意上級的眉毛是上揚還是緊鎖，嘴巴是張大還是閉著，面部肌肉是放鬆還是緊繃，臉色是變白還是變紅等。除此之外，還要注意他的手臉結合動作，比如用手支下巴，方式不一樣，所表達的含義也不一樣。其他的還有撓頭、抓領子、擦眼睛、捂嘴巴等姿勢，都有特定的含義。

三、觀察上級的身體姿勢

上級的坐姿、動作等都包含了特定的資訊。在溝通的過程中，你需要對此加以關注，如觀察上級是否有雙臂抱胸的動作，是否蹺著二郎腿，是否做出了肯定或否定的手勢，身體是非常關注地前傾還是懶洋洋地靠著等。捕捉並瞭解這些資訊，對你的交流往往有指導性的意義。

四、注意上級的動作

一般說來，上級的動作包含的信息量較大。在和上級交談時，觀察他是否有如下動作：邊說邊轉身把背部向著你，或者一邊和你說話一邊快步向前，或者把你請入辦公室時順便關上門，或者在你彙報時不停看手錶等。所有這些動作都能在一定程度上反映出上級的心態，並且極易捕捉到。

只要你留意觀察，上級肢體語言會相當豐富地呈現在你眼裡，細心琢磨這些無聲語言，你就可以捕獲相應資訊，並為你與上級的進一步溝通做出指導。

想主動與老闆溝通的人，應懂得主動爭取每一個溝通機會。在瞭解老闆的溝通傾向後，員工需要調整自己的風格，使自己的溝通風格與老闆的溝通傾向盡可能地吻合。有時候，這種調整是與員工本人的天性相悖的。但是員工如果能透過自我調整，主動有效地與老闆溝通，創造和老闆之間默契和諧的工作關係，無疑能使你最大限度地獲得老闆的認可。

見人說人話，見鬼要把話說神

中國民間有一句話：「言多必失。」是說如果一個人總是滔滔不絕地講話，說的多了，話裡就自然而然地會暴露出許多問題。而且，你的話多了，其中自然會涉及其他人。

說話不看對象，常常讓別人無法理解自己的本意，因而在無形之中與別人拉開了相當的距離。反之，瞭解了對方的情況，並依據其情況，尋找與之相適應的話題和談話內容，雙方就會覺得談話比較投機，彼此在距離上也顯得比較親切。對方會覺得你是一個極具親和力的人，因而願意與你相處。因此方圓說話在這裡要抓住以下幾點：

一、看對方的身份地位說話

與上司說話，或是探討工作，我們應該儘量向上司多請教工作方法，多討教辦事經驗，他會覺得你尊重他，看得起他。所以，在工作中，在辦事過程中，即使你全都懂，也要裝出有不明白的地方，然後主動去問上司：「關於這事，我不太瞭解，應該如何辦？」或「這件事依我看來這樣做比較好，不知局長有何高見？」

上司一定會很高興地說：「嗯，就照這樣做！」或「這個地方你要稍微注意一下！」或「大概這樣就好了！」如此一來，我們不但會減少錯誤，上司也會感到自身的價值，而有了他的幫助和支持，後面的事情就好辦得多了。

二、針對對方的特點說話

和人交談要看對方的身份、地位，還要看對方的性格特點，針對他的不同特點，採取不同的說話方式，這樣才有利於解決問題。

中國春秋時期的縱橫家鬼谷子先生指出：「與智者言依於博，與博者言依於辨，與辯者言依於要，與貴者言依於勢，與富者言依於豪，與貧者言依於利，與卑者言依與謙，與勇者言依於敢，與愚者言依於銳。」

意思是說：和聰明的人說話，須憑見聞廣博；與見聞廣博的人說話，須憑辨析能力；與地位高的人說話，態度要軒昂；與有錢的人說話，言辭要豪爽；與窮人說話，要動之以利；與地位低的人說話，要謙遜有禮；與勇敢的人說話不要怯懦；與愚笨的人說話，可以鋒芒畢露。

三、摸準別人的心理說話

透過對手無意中顯示出來的態度及姿態，瞭解他的心理，有時能捕捉到比語言表露更真實、更微妙的思想。

由於所處的環境不同，人的心理感受不同，而同一句話由於地點不同、語氣不同，所表達的情感也不盡相同，別人在傳話的過程中也難免會加入他個人的主觀理解，等到你談的內容被談話對象聽到時，可能已經大相徑庭，勢必造成誤解、隔閡，進而形成仇恨。另外，人處在不同的狀態下，講時的心情不同，話的內容也會不同，心情愉快的時候，看事看人也許比較符合自己的心思，故而讚譽之言可能會多；有時心情不愉快，講起話來不免會憤世嫉俗，講出許多過頭的話，招來很多麻煩。

孔子曰：「不得其人而言，謂之失言。」對方倘不是深相知的人，你就暢所欲言，以快一時，但對方的反應是如何呢？你說的話，是屬於你自己的事，對方願意聽嗎？

彼此關係淺薄，你與之深談，顯出你的沒有修養；你說的話，若是關於對方的，你不是他的好友，不配與他深談，忠言逆耳，顯出你的冒昧；你說的話，是屬於國家的，對方的立場如何，你沒有明白，對方的主張如何，你也沒有明白；你只知高談闊論，殊不知輕言更易招憂呢！

用「意外」改變別人的先入為主

要說服他人，要使對方對其先入之見有客觀的認識和轉變，就請遵循這一規則：改變一種方式，給對方一種意外的體驗。

有些時候，我們會遇到這樣的說服對象：他們有自己的先入之見，你剛開口說，他就會用「不行就是不行」的態度毫不客氣地回絕你。一般人遇到這種情況，往往會束手無策，甚至想放棄對他的說服。

然而，真正的說服高手，面對這種情形同樣能遊刃有餘。爲什麼呢？因爲他們採取了讓對方感到意外的說服手段。

過去，美國人普遍認爲人造奶油比奶油品質差，導致人造奶油的銷售量遲遲不能提高。但是人造奶油的經營者們卻信心十足，他們打算不論在品質方面、味道方面和營養方面，都讓人造奶油成爲奶油的代用品。他們想盡一切辦法宣傳人造奶油的優點，以提高它的銷售量。他們這樣做就是想消除人們「人造奶油不如奶油」的先入之見。因此，經營者們委託有關機構調查造成這種偏見的原因，並且研究出了解決的辦法。

在某次午餐會上，有百分之九十以上的婦女說可以辨別人造奶油和奶油，她們說人造奶油有腥臭味等。於是調查人員發給她們每人黃、白各一塊奶油狀的食品請她們品嘗，結果，百分之九十五以上的婦女認爲黃色的是奶油，她們說味道「新鮮」「純正」，認爲白色的是人造奶油，並說有腥臭味。

但是，她們的嘗試結果與事實恰恰相反，黃色的是人造奶油，白色的是剛剛製造出來的奶油。也就是說，這些婦女僅僅是靠從顏色形成的先入之見來區別奶油和人造奶油的，至於「腥臭味」的評價更是毫無根據。

心理學家們對那些暴露了自己的「味覺遲鈍」而陷入尷尬處境的女性們會有什麼反應，很感興趣。但是，經營者並沒有露骨地說「太太們，你們說這奶油有腥臭味是不是有些味盲呢？」他們並沒有採取這種愚蠢的行爲來破壞對方的先入之見，而是不再強調人造奶油與奶油的「類似性」。他們透過宣傳人造奶油給人們帶來的「滿足感」大大提高了銷售量。

另外，讓對方有意外的體驗，因而改變其先入之見，當然離不開跟對方講道理。

馬丁和瑞恩兩人爲了增加自己的零用錢，分別跟妻子展開說服攻勢。

首先，讓我們來看看馬丁先生如何去做的吧：

「妳想想，上次加錢是什麼時候？好像已經很久了……妳知道嗎？近來同事們都說我變小氣了，這樣是會影響到我的人際關係的。再這樣下去，我一定會受到大家的排擠。妳也曾經在社會上工作，應該瞭解被人排擠的滋味吧！這樣絕對會影響到工作績效，我想妳一定能瞭解並體諒我的苦衷！」

馬丁太太聽了丈夫的話，說：「是呀，好久沒有調整零用錢了，萬一影響工作就不好了。這樣吧，從這個月開始，每個月多給你三千元的零用錢吧！」

馬丁先生進行得相當順利。緊接著我們再來看看瑞恩先生是怎麼說的：

「喂，從這個月開始零用錢再多給我三千元。妳到底有沒有替我想想，現在這個樣子，酒不能喝、煙也不能抽，這怎麼行呢？總之，趕快給我加錢……」

瑞恩的太太聞言不禁火冒三丈：「你說的是什麼鬼話！不是才剛加了錢嗎？你哪一天不是喝得醉醺醺才回來，煙也抽得那麼凶，卻還說什麼沒煙抽、沒酒喝。還想加什麼錢呀！開玩笑，不行！」

「剛加錢？！那已經是三年前的事了。喂，只要妳少參加幾次才藝班，不就多出三千元了嗎？拜託嘛！」瑞恩先生看太太有些動怒，便軟化態度，溫和地說道。

「好吧，那就加一千五吧。」瑞恩太太心不甘情不願地退一步說。

「哎呀，妳可真會計較！」

由此可知，馬丁、瑞恩兩位先生，在爭取提高零用錢一事上，都獲得了小小的成功。但我們可以明顯看出馬丁先生略勝一籌。而從成功的技巧來看，其實瑞恩先生不能算真正的成功。他的勸說根本沒有表達出勸說的真義。這是由於瑞恩的太太無法完全理解丈夫要求加錢的理由，而僅只是屈服於丈夫軟硬兼施的威脅，如：「減少你的才藝班課程」。由此不難預見，今後這對夫妻在遇到更難處理的事情時，將會採取什麼樣的溝通模式。在他們心中，並沒有打算要明確告知對方自己的想法，進而說服對方，反而只是一味地將自己的想法強加給對方，直到對方勉強接受為止。

以馬丁夫婦的情況和瑞恩夫婦比較，我們就會明白說服技巧和成效的差別。

馬丁先生將自己在公司的狀況明確地告訴妻子，讓妻子明瞭到這種狀況如果持續下去對於她也是相當不利的。於是太太細思後發覺如不增加丈夫的零用錢，的確會使家庭和自己的利益受損。於是當機立斷，很爽快地答應了。馬丁先生極其聰明地抓住此一關鍵，巧妙地將自己的利害關係轉嫁到妻子身上，讓妻子自動說好，成就他的目的。

如果瞭解了先入為主的心理結構之後，就不應該從正面反駁對方的先入之見，否則會使他產生反抗的心理。而應該以對方毫無覺察的方式，給予他意外的體驗。這樣，你的說服就會成功。

迂迴說話，避免碰壁

對於很多人來說，直接的批評和說教會讓他感到不適和難堪，因而有著巨大的抵觸情緒。這時候我們就需要發揮一下迂迴語言的魅力，繞著圈子說問題，讓雙方都有面子。

在求別人辦事時，你可能會遇到這種情況：當你滿懷希望地向他人提出要求時，卻當場遭到對方的拒絕，碰了釘子。那場面是很令人難堪的。這種被拒絕而產生的尷尬，往往使你感到心灰意冷、失落、心理失衡，甚至出現不正常心理，比如記恨，或報復的心理，因而影響彼此之間的關係。

在現實生活中，造成尷尬的原因很多，有些是無法預見的，難以避免的，但有些卻是可以透過自己的努力加以避免的。從辦事的角度來看，避免尷尬也是辦事能力的組成部分。懂得並力爭避免不必要的尷尬場面的出現，是每一個辦事高手都應該掌握的。

遠行之人，前有高山擋路、石頭絆腳，自然會想辦法繞過去，或動腦筋另闢蹊徑。這種做法應用在求人辦事裡，便是繞著圈子達到目標，避免碰到釘子。

換言之，求人辦事若想避免碰釘子，便得拐彎抹角地去講一些話；有些人不易接近，就少不了逢山開道、遇水搭橋；搞不清對方葫蘆裡賣的什麼藥，就要投石問路、摸清底細；有時候爲了使對方減輕敵意，放鬆警惕，我們便繞彎子、兜圈子，甚至用「顧左右而言他」的迂迴戰術，將其套牢。

舉個簡單的例子：某些以魚類爲生的鳥類，其嘴的形狀，直直的，上下兩部分又長又寬闊。吞吃食物時，有的常常把捕到的魚兒往空中一拋，讓那條魚頭朝下尾朝上落下來，然後一口接住吞了下去，這樣的吃法可以使魚在通過咽喉時，魚翅的骨頭由前向後倒，不會卡在喉嚨裡。

求人辦事也一樣會碰到各種「刺」，這個時候便不能「直腸子」，而應該想辦法兜個圈子，繞個彎子，避開釘子。這是求人辦事應該具備的策略和手段。連鳥都會

「把魚倒過來吃」，聰明人怎麼能讓「刺」卡在喉嚨中呢？

有位編輯向一位名作家約稿。那位作家一向以難於對付著稱，已經有好多人在他面前碰了釘子，所以這位編輯在去他家之前，感到既緊張又膽怯。

剛開始時，這位編輯失敗了，因爲不論作家說什麼話，這位編輯都說「是，是」，或者「可能是這樣的」。無法開口說明要求他寫稿的事，於是他只好準備改天再來向他說明這件事。

就在他起身準備告辭時，腦中突然閃過一本雜誌，這本雜誌上刊載有關這位作家近況的文章，於是就對作家說：「先生，聽說你有篇作品被譯成英文在美國出版了，是嗎？」

作家猛然傾身過來說道：「是的。」

「先生，你那種獨特的文體，用英語不知道能不能完全表達出來？」

「我也正擔心這點。」他們滔滔不絕地說著，氣氛也逐漸變得輕鬆，最後作家竟答應爲這位編輯寫稿子。

這位不輕易應允的作家，爲什麼會爲了編輯的一席話，而改變了原來的態度呢？

因爲他認爲這位編輯並不只是來要求他寫稿，而且又讀過他的文章，對他的事情十分瞭解，所以不能隨便地應付。就這樣，那位編輯不僅沒有碰釘子，還成功地邀到了稿子。

有時爲了避免碰釘子，你可以運用必要的試探方法。比較常見的方法有：

一、自我否定法

就是自己對所提問題拿不準時，如果直截了當提出來恐怕失言，造成尷尬。這時，就可以使用既提出問題，同時又自我否定的方式進行試探。這樣在自我否定的意見中，就隱含了兩種可能供對方選擇，而對方的任何選擇都不會使你感到不安和尷尬。

二、投石問路法

並不直接提出自己的問題和方法，而是先提一個與自己本意相關的問題，請對方回答，如果從其答案，自己已經得出否定性的判斷，那就不要再提出自己原定的想法，這樣可以避免尷尬。

三、觸類旁通法

當你想提一個要求時，還可以先提出一個與此同屬一類的問題，試探對方的態度。如果得到肯定的資訊時，便可以進一步提出自己的要求；如果對方的態度是明確的否定，那就免開尊口以免碰釘子。

四、順便提出法

有時提出問題，並不用鄭重其事的方式。因爲這種方式顯得過分重視，至關重要，一旦被否定，自己會感到下不來台。而如果在執行某一交際任務過程中，利用適當時機，順便提出自己的問題，給人的印象是並未把此事看得很重，即使不滿足也沒有什麼感覺。

五、開玩笑法

有時還可以把本來應鄭重其事提出的問題用開玩笑的口氣說出來，如果對方給以否定，便可把這個問題歸結爲開玩笑，這樣既可達到試探的目的，又可在一笑之中化解尷尬，維護自己的尊嚴。

六、打電話法

打電話提出自己的要求與面對面提出有所不同，由於彼此只能聽到聲音而不見面，即使被對方所否定，其刺激性也較小，比當面被否定更易接受些。

在求人辦事時應該多繞幾個圈子，這樣才能保證你在求人辦事中得到最大的實惠，少碰些釘子。生活中不少人是「直腸子」、「一根筋」，這種人在辦事時更多地表現為：「碰到南牆不回頭」，十頭公牛也拉不回來。這樣的人最該學點迂迴術，讓自己的大腦能多轉幾個圈子。

巧提建議，讓老闆發現你的價值

巧妙地向老闆提出建議，把自己的「意見」轉化為「建議」，更能獲得老闆的尊重和重視。

生活中，很多人都因爲害怕得罪老闆不敢給老闆提意見。其實，給老闆提出必要的意見，也是讓老闆重視你的一種方法。當然在提意見時，你一定要注意提意見的方式，並且保證自己提的意見要有一定的品質，只有這樣，你才能讓老闆看到你的主見，讓老闆察覺到你也在爲公司思考。

對上司發出的正確而合理的指令，當然要認真及時地執行，但上司也是人，不是神，有時可能會發出不恰當的甚至完全錯誤的指令。作爲直接受其上司的下屬，我們該怎麼做呢？

很多人或許會說：「當然是按照上司的指令去做了，決策是老闆做的，我的任務就是堅決執行。」還有一些人或許會說：「給老闆提意見，我可不敢，得罪了上司怎麼辦？」

顯然，第一種人誤解了「執行」的含義。執行的目的在於達到效果，如果南轅北轍了，執行就沒有意義了；第二種人，害怕得罪老闆，首先這是人之常情，可是身爲公司的一分子，我們就應該爲公司的命運負責，不能因爲個人得失，明知道老闆的決策錯了，卻還要去執行。

面對不恰當的指令？我們到底該怎麼做？我們可靈活地採取以下對策：

一、暗示法

接到不恰當的指令時，你覺得不能執行或無法執行，可先給上司以某種暗示，讓其悟到自己的指令不甚恰當。有些指令不恰當，不是因爲上司素質差、水準低，而是沒考慮周全，或是只看到了事物的表象，沒看到事物的本質。你稍加暗示，他可能就會馬上意識到。

二、提醒法

有些不恰當的指令，可能是上司不熟悉、不瞭解某一方面的情況，有的可能是上司一時遺忘了。你明白地提醒他，上司瞭解到了，一般都會收回或修正指令。當然，提醒不是埋怨，也不是直通通、硬邦邦地批評。提醒要講究策略，語氣上盡可能委婉些。

三、推辭法

對上司不恰當的指令，有的可以考慮推辭。推辭要有理由，有的可從職責範圍提出，譬如說：「總覺得這件事不是我的職責，要不，同事關係就不大好處理了。」有的可從個人的特殊情況提出。但不管從哪一方面，理由一定要真實和充分。你推辭了，有的上司還可能會這樣問：「那你覺得這件事應該由誰來做？」你不能隨便點名，也不要隨口說「除了我，其他誰都可以」之類的話，比較巧妙的回答是：「這事誰來做，我瞭解得不全面，還是您來定奪好。」推辭不是耍滑頭，而是委婉地拒絕。

四、拖延法

有些不恰當的指令，是上司心血來潮時突然想出來的，並要你去執行。倘你唯命是從，馬上付諸行動，那就鑄成了事實上的過錯。對這種上司心血來潮而向你發出的指令，如果你在暗示或提醒之後都沒有效果，推辭也沒多少理由時，那麼，最好的對策就是拖延。雖然默認或口頭上答應，實際上遲遲不動。若閒著不動，上司會產生疑心的，因此，你必須以忙別的事作爲拖延的理由，應付上司的追問。拖延法是消極的，但對有些非原則性問題的不恰當指令，只能如此。

限於知識面的寬窄，每個人都可能犯錯誤，老闆也不例外，他也有可能犯錯誤。或總是提出永遠無法達到的目標，使大家追得精疲力竭，卻還落得無功而返；或專制獨裁，搞得辦公室裡人人自危，唯恐一不小心丟了飯碗。

該不該批評上司？當然！聰明的員工應該懂得，如何在自保的前提下巧妙地把意見表達出來。你應該這樣想，上司也許恰恰非常渴望下屬的回饋資訊。

一、把他當成辯論對手

要讓胸懷韜略的上司接受你的觀點是件困難的事情。因此，要把他當成一等的辯論對手迎戰。事前的準備工作馬虎不得，不僅要搜集詳盡的事實，而且要預想上司可能會提出哪些觀點來反駁。這樣，你才不會被他的幾句話抵擋回來。

二、不要人身攻擊

很可能你的上司人品惡劣：心胸狹隘、剛愎自用，但是供你拿上檯面與之交涉的只有他的工作失誤。否則，你的批評就變成了公私不分的人身攻擊。

三、最後的決定權仍在上司手裡

明白地向上司表示，你不是想強迫他改變己見，只不過需要一個向他表明觀點的機會，最終裁決權仍然在他手裡，無論他怎樣決定，作爲下屬，你都將給予全力配合。

上帝都會犯錯，何況是人呢。好就好在，人犯錯了還有改正的機會。上司犯的錯影響力肯定要比一般員工大，為了公司和部門的利益，下屬應該指出上司的錯誤之處。但是上司似乎比上帝還難伺候，給上司提意見一定要講究技巧。

把「意見」轉化成「建議」，先禮後兵

在適當的時候向你的上司提幾點「建議」，它不僅包括了你所要提出的意見，而且指出了解決問題的方案。但一定要注意，先要肯定你的上司。

注意以下幾個問題，它們直接影響你建議的效果：

一、選擇適當的時機

這裡主要照顧到你的上司的心情。請記住他也是個普通人，當公務纏身、諸事繁雜時，他未必有很好的耐心隨時傾聽你的建議——儘管它們極具建設性。

二、關注對方，恰當舉例

談話時應密切注意對方的反應，透過他的表情及身體語言所傳達的資訊，迅速判斷他是否接受了你的觀點，並視需要適當地舉例說明，以增強說服力。

三、謙恭有禮

下屬對自己的異性老闆，要學會多聽少說，謙恭有禮。即使你覺得自己的見解確實比老闆高明，也不要直接說出來，你應用一種委婉、迂迴的方式表達自己的意思，比如，你可以說：「老闆，你的這個想法真是太妙了，如果按您的想法去做，我們不賺大錢才怪呢。但是有一點我還不夠明白，能否請您講解一下，順便也讓我長長見識……」這時，你就可以將問題提出來，在與老闆的討論中逐漸加入自己的見解，改變老闆的思路，在不知不覺中將自己的想法變爲老闆的想法。

四、限用一分鐘

如果你向上司提建議，你認爲多少時間比較合適？

上司一般來說都對長的建議感到不耐煩。如果你能在一分鐘內說完你的建議，他就會覺得很愉快。如果覺得「有理」，也比較容易接受。即使他不贊同你的建議，你也不會浪費他太多的時間，他會爲此感謝你。

如果再具體界定一下，那麼最好將你的語速保持在每分鐘三百個字的標準，比這個標準慢就顯得過於緩慢。

五、否定也是建議的附屬品

向上司提建議，如果馬上獲得認可，事情就很簡單。不過，一般而言，不認可的情況比較多。畢竟提建議的對象是你的上司，是否接受你的建議他當然需要慎重考慮。

當建議被「我不贊成」或「這不合適」等駁回時，有些人往往心灰意冷。其實，因爲一兩次的建議被否決就責難上司，進而放棄自己的努力與心力，是一種非常愚蠢的做法。向上司提建議應該抱著「否定也是建議的附屬品」的合理想法，要勇於碰壁。當然僅僅做到這一點還是不夠的，還應該在你的建議的內容、方式方法上下工夫。

首先，在內容上，既然是提建議，就必須言之有據。不僅要把自己的建議表達出來，還要以大量的資料材料爲依據，使建議站得住腳，否則一旦讓上司問倒了，就容易讓上司認爲你信口開河。

其次，建議的內容沒問題了，還要注意提建議的方式方法。向上司提建議本非壞事，但如果過於「熱心」，會使自己「衝」過頭，上司必定會認準你是個麻煩製造者，不易接受你的建議。此時，你切記不要過於自作主張而忽視了上司周遭的人際環境以及時間安排。

「企望往高處爬的人，應該踩著謙虛的梯子。」這是莎士比亞的名言。想要讓自己提出的建議得到上司的尊重和認可，最好把這句話牢記心頭。

對喜歡聽讚揚的上司你可以這樣說：「劉經理，我們公司這回取得這麼好的效益，全是您決策有方。上周提出的銷售方案也不錯，我看在方案中再增加一些……可能更好一些。」

這樣做，你既肯定了上司的成績，又客觀、間接地指出了不足；既尊重了上司的權威，又適時提出了自己的建議，上司可能會很快採納你的建議。

此外，對大咧咧的上司可在開玩笑中提出建議，對嚴肅的上司可用書面提出建議，對自尊心強的上司可採取個別提出建議的方法，等等。

不過，無論你採用什麼方法提出建議，一定要把握住以下幾點：

第一，提建議時，不要急於否定上司原來的想法，多注意從正面有理有據地闡述你的見解。你要懂得尊重他人的意見，當然也包括尊重上司的意見，這樣他才會易於接受你的建議。

第二，提建議時，不要夾雜任何私怨。一個建議中夾雜個人的私利越少越容易被人接受。在向上司提建議時，你應該更多地從部門和工作的立場出發，顯示出你處處是在爲整體或上司著想，而不要被上司誤認爲「這個人只是爲了達到個人目的才提這個建議的」。

第三，提建議時，不要涉及上司的觀點和方案，而只是闡述自己所知道的事實，自己的想法、方案，並再三說明，「這不一定對，僅供上司參考。」事實表明，越是善意的建議，越是有可能被上司接受，進而對不當指示和命令進行修正、充實或改變，使這個方案更爲完善，所以你必須把握住時機，把建議反映得越早越好，越明白越好。

對於能力都比較強的上司，他們特別喜歡別人對自己工作成績的肯定，有時甚至還有意炫耀自己。所以，你就需要根據其心理特徵，對症下藥。

不說比說錯更可惡

在職場中，有效的溝通尤為重要，往往什麼都不說比說錯話更可怕。

所謂回饋，原是物理學中的一個概念，是指把輸出電路中的一部分能量送回輸入電路中，以增強或者是減弱輸入訊號的效應。心理學借用這一概念，用來說明學習的人對自己學習結果的瞭解，而這種對結果的瞭解又起到了強化作用，促進學習的人更加努力學習，因而達到更好的效果，這一心理現象稱作「回饋效應」。

可見，回饋效應是一個雙向交流的過程。在這個過程中，人們可以更加清楚自己的缺點，因而不斷改進，提高效率。

其實，在職場上，回饋也是很有必要的。實際上，回饋效應用在職場上，更多的是指人與人之間的交流溝通。工作中，老闆與員工之間，只有及時溝通，才能讓老闆明白你的問題所在，也只有及時溝通，才能保證大家及時解決問題，如果你因爲害怕說錯了就不向老闆回饋你的問題，那麼不說的後果比說錯更爲嚴重；除外，作爲一名合格下屬，我們不僅要在自己出了問題時，向上級及時回饋，當我們發現老闆有錯時，我們也要敢於回饋，幫老闆及時查缺補漏。

有人認爲說錯話是職場大忌，其實只要不是原則性大錯，說錯話並不一定會引起老闆的反感。老闆最反感的是什麼都不說的人。什麼都不說，溝通也就成了斷流。老闆發出的資訊不能得到及時、有效的回應。這樣的人，必然是最不受老闆歡迎的人。

溝通分爲語言溝通和非語言溝通，語言溝通又包括口頭溝通和書面溝通。如何實現人與人、部門與部門、上與下之間在資訊（包括政策、法規、經濟、社會、技術等方面）、情感、經驗等方面的傳遞與交流，是人際交往中永恆的思考主題。

有效的溝通會產生積極的作用。資訊溝通方面。只有以真實、快捷爲基礎，才能有效實現資訊交流。情感溝通方面。只有以真摯、理解爲基礎，才能實現心與心的碰撞、交流，形成相互理解、相互信任的良好人際關係氛圍。經驗溝通方面。只有以真誠、無私爲基礎，透過彼此之間的經驗交流、教訓總結，才能切實實現彼此取長補短、共同進步。

溝通的基礎決定溝通的作用，只要我們始終以真實、真摯、真誠爲基礎，溝通就一定能發揮積極作用。

李琳是一家公司的人事主管，她非常善於溝通，在公司很有人緣。有段時間她發現業務部整體士氣不足，便積極與業務部門主管進行溝通。她第一次跟業務部經理進行面談時，對方卻告訴她想要離開這家公司。她當時有些氣憤，覺得這位主管非常過分，公司爲他投資很多，對他的待遇一向不薄，還多次爲他們幾個部門主管請來培訓師提高他們的業務素質，而且公司高層對於業務部門一向非常重視，並沒有什麼對不起他的地方，但現在他就這麼一句簡單的要走，完全罔顧公司利益。

她抑制住自己心中的不滿，發脾氣於事無補，最重要的是瞭解這位經理心裡到底是怎麼想的。她努力做到平靜、和藹，像朋友一樣與他溝通，幫他看清眼前的兩個問題：走的目的是什麼?留下來又可以創造什麼?她和他閒話家常。最初這個業務部經理對她還有所保留，他對女主管說：你只需要跟我談工作方面的問題，不要干預我的個人和家庭。

但到後來，他自己變得很主動地講自己的家庭問題。慢慢的，透過溝通，他對自己目前的工作和生活有了一個更深層次的認識，他意識到自己對公司、對家庭、對個人都應當負起責任來，而不是因爲一點點不順心，就把情緒帶到工作中，至於「要走」不過是一時衝動，公司的前景非常遠大，在這樣的公司才能取得個人的充分發展。

他爲自己的不理智道歉，向這位女主管表示了最真誠的謝意。然後立即積極主動地投入工作中，帶領整個部門努力拼搏，業績在短短三個月內遞增了兩倍。這個業務部經理也獲得了公司的嘉獎，還升了職。

透過溝通，李琳瞭解到了真正的問題所在，得到了對方的信任。溝通讓雙方之間的分歧迎刃而解，讓可能發生的爭執和矛盾消滅於無形。

由於人類本性是關注個人利益，所以我們可以想像有效溝通最簡單的一個話題就是人們自己。在人際交往中，多和別人談關於他們的事情，比如他們的家人、他們的工作、他們的消遣以及他們所關心的事情，他們馬上就會尊重你。

你對他們發自內心的興趣是對他們的欣賞。那會提升他們的自尊心，反過來會使他們尊重你。而尊重正是所有有效人際關係技巧的基礎。如果你專注於人們的長處，他們就會更強。如果你為他們的長處鼓掌，就會增加他們的信心，這樣也可以幫助他們克服自己的弱點。如果你以積極的態度看待人們，你的真誠就會透過你的眼睛、微笑和語調表現出來。你的笑容能照亮所有看到它的人。

一個人的溝通能力是社會能力中最重要的能力。如果一個人不能和其他人達成穩定的相互關愛的關係，那麼他就失掉了最基本的生存能力。所以溝通對我們大家來說太重要了。但是真正的溝通能力是培養和實踐出來的，需要無時無刻注意。

要作有效溝通，意思必須確定，首先想好要說什麼；表達事情時必須前後有聯繫，用具體準確的語言表達；內容與形式統一，也就是語言、聲音、表情、動作、綜合感情一致；前後邏輯一致，不能使自己支持的觀點前後矛盾。目的單一，有效的溝通只有目的單一才能準確表達，附加上其他目的，就會沖淡語言的意思。

你應當坦白地講出來你內心的感受、感情、痛苦、想法和期望，但絕對不是批評、責備、抱怨、攻擊。無根據地批評、責備、抱怨、攻擊這些都是溝通的劊子手，只會使事情惡化。更不能惡言傷人。如果說了不該說的話，往往要花費極大的代價來彌補，正是所謂的禍從口出，甚至於還可能造成無可彌補的終生遺憾。

你應當理清自己的情緒，情緒中的溝通常常無好話，既理不清，也講不明；尤其在情緒中，很容易因衝動而失去理性；憤怒、不滿等等情緒的支配下往往會做出情緒性、衝動性的「決定」，這很容易讓事情不可挽回，令人後悔。

你應當及時反省，在溝通中我說錯了話嗎？有沒有不合適的地方，會不會造成別人對我的誤解，其實我不是這個意思……承認「我錯了」是溝通的消毒劑，可解凍、改善與轉化溝通的問題；一句「我錯了」可以化解打不開的死結，讓人豁然開朗，放下武器，重新面對自己，開始重新思考人生。而「對不起」則是一種軟化劑，使事情終有迴旋的餘地。

好的溝通技巧及說服力，可以讓你左右逢源，為你建立良好的人際關係，讓你獲得更多的機會與資源，增強你的影響力。

學會說「不」

盲目服從可能是對老闆一時的恭維，但從長遠和結果看，如果服從的是錯誤的決策或命令，可能會害人害己。

據許多資深職場人士的經驗，我們知道了一條定律，那就是謙恭地敬重老闆，不如順從老闆的意志和命令。不服從老闆就是不尊重老闆。老闆是工作上的權威，很重視自身威信，下屬的讚揚無疑是對老闆威信的維護和尊重。

當然，服從老闆並不是要求盲目服從，不是言聽計從，凡是老闆說的都要聽從，凡是老闆決定的都要遵從。

俗話說老虎也有打盹的時候，同樣的，上司也有迷糊的可能，一個好下屬就是在「老虎」打盹的時候爲他放放哨、站站崗，而不是一味地縱容老闆。

給上司提意見不是件容易的事，而給上司糾錯更是一件不容易的事，畢竟有很多老闆聽不得別人的批評，就像古代專司挑錯之職的左右拾遺，頭上的烏紗帽與項上人頭的去留永遠在旦夕之間。雖然今天的上下級早已沒了君臣之禮，但那條無形的鴻溝還是時時提醒你上下有別。但是，員工和老闆之間不可能沒有分歧，畢竟老闆的決定也不可能永遠正確，如果老闆的決定真的錯了，而你又不能眼看著公司的利益受到損害，這個時候你改怎麼做？

只要出發點是好的，並且你已經仔細調查過了，這時你一定要堅持你的意見。但要注意方式，關鍵是，既要維護上司的尊嚴，又要糾正他的偏差。

我們且來看一個例子。

某先生是一家投資公司的專案經理，業務能力強，膽大心細。在世紀交替的那一波網路狂潮中，形形色色的人拿著各式各樣的投資書來和老闆談。當時網路熱潮甚囂塵上，老闆被這些天方夜譚般的盈利模式搞得熱血沸騰，決定投鉅資搞一個「全球華人網上陵墓」，發一把死人財。

這位專案經理經過仔細分析和調查，認爲這個專案涉及中國人的傳統習俗，要想改變絕非易事。所以他就據理力爭，極力反對這個項目，搞得老闆很不高興。這時，擺在他面前的路就只有兩條，要麼「縱容」老闆，讓公司承擔巨大風險；要麼阻止老闆，讓老闆對自己不滿甚至砸掉自己飯碗。他深思熟慮，終於選擇了後者，但他沒有在公司股東大會上公開反對，而是單獨和老闆推心置腹地長談，給他一遍遍分析市場，並且表示自己可以承擔一切後果，包括引咎辭職。他的「死諫」引起了老闆的思考和斟酌，就這樣老闆決定先觀望一下。果然不久，他們就聽到消息，另外一家投資該項目的公司血本無歸。

故事裡，這位經理的做法是值得我們學習的，因爲他既保住了老闆的尊嚴，又保住了公司的利益，盡到了自己的責任。

在公司裡，我們要成爲一個合格的而又不「縱容」老闆的員工，就要適時地給老闆提出意見，適時地向老闆回饋。但要注意給老闆提意見不能直來直去，必須使用一些技巧。

第一步：承認老闆的意見。

無論如何，首先要認可老闆，這樣一方面給老闆留足面子；另一方面，即便老闆真是錯的，你不認可他的做法，但你可以以真誠的態度讚揚他的眼光，這樣可以讓你取得的信任，爲以後的進言做好鋪墊。

第二步：巧妙表態。

在說出建議內容之前你要有一個表態。怎麼表呢？在第一步認可的基礎上，你可以講一講自己認可的那些東西對自己的啓發和教育作用。這個表態非常重要，它證明了你的立場不是和老闆對立的，而是受了老闆的啓發才有自己新的建議的。

第三步：引出自己的意見。

這是整個建議的核心部分，有前兩部鋪墊，到第三步提出自己的意見，這樣，就可以不顯山露水地把自己想說的說出來了。這樣做的目的只有一個，就是爲了減少衝突，使自己的意見被重視，被採用。

金無足赤，人無完人，在市場經濟的驚濤駭浪中，局面瞬息萬變，上司再英明，也不可能一貫正確，所以每一個員工就有必要主動為上司分擔風險，讓老闆多一些參考資料，多一層保險，保障公司這條大船順利航行。

CHAPTER 02

討老闆歡心的補位心理學

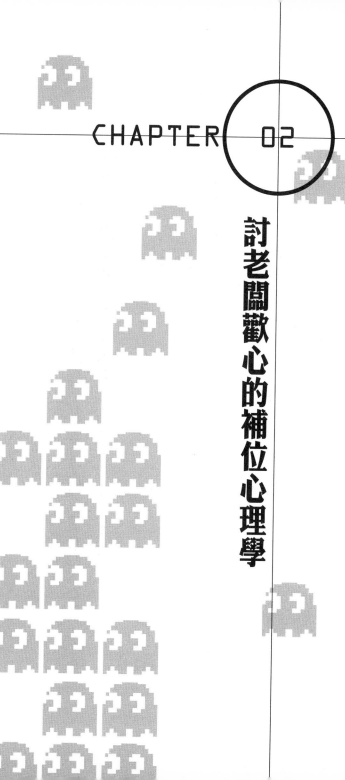

替你的老闆打圓場

上司的尊嚴不容侵犯、面子不容褻瀆。當上司理虧時要給他留下臺階，當眾糾正上司是萬萬不能的。消極地給上司保面子不如積極地給上司爭面子。

慈禧太后身邊的太監李蓮英，就是一個很會爲「上司」爭面子的紅人。

慈禧愛看京戲，常賞賜藝人一點小東西。

一次，她看完著名演員楊小樓的戲後，把他召到眼前，指著滿桌子的糕點說：「這一些賜給你，帶回去吧！」

楊小樓叩頭謝恩，他不想要糕點，便壯著膽子說：「叩謝老佛爺，這些尊貴之物，奴才不敢領，請……另外恩賜點……」

「要什麼？」慈禧心情很好，並未發怒。

楊小樓又叩頭說：「老佛爺洪福齊天，不知可否賜個字給奴才。」

慈禧聽了，一時高興，便讓太監捧來筆墨紙硯。舉筆一揮，就寫了一個「福」字。站在一旁的小王爺，看了慈禧寫的字，悄悄地說：「福字是『示』字旁，不是『衣』字旁的呢！」

楊小樓一看，這字寫錯了，若拿回去必遭人議論，豈非有欺君之罪，不拿回去也不好，慈禧一怒就會要自己的命。要也不是，不要也不是，他一時急得直冒冷汗。

氣氛一下子緊張起來，慈禧太后也覺得挺不好意思，既不想讓楊小樓拿去錯字，又不好再要過來。

旁邊的李蓮英腦子一動，笑呵呵地說：「老佛爺之福，比世上任何人都要多出一『點』呀！」

楊小樓一聽，腦筋轉過彎來，連忙叩首道：「老佛爺福多，這萬人之上之福，奴才怎麼敢領呢！」

慈禧正爲下不了臺而發愁，聽這麼一說，急忙順水推舟，笑著說：「好吧，隔天再賜你吧。」

就這樣，李蓮英爲二人解脫了窘境。

李蓮英機靈，嘴巧，常常替慈禧打圓場，難怪會討得她的歡心。

中國人酷愛面子，視尊嚴爲珍寶。有「人活一張臉，樹活一張皮」的說法，尤其做老闆的更愛面子。作爲老闆，他要樹立起威信，若不慎做了錯誤的決定或說錯了什麼話，如果下屬直接指出或揭露他的錯誤，無疑是向他的權威挑戰，會讓他很沒有面子，會損害他的尊嚴，刺傷他的自尊心。相信一個最寬宏大量的老闆也無法忍受。

老闆錯了的時候，也要維護他的尊嚴。要選擇合適的時候或場合，採取合適的方式，以免傷害老闆，自討沒趣。

金無足赤，人無完人，老闆也有錯了的時候。這時候，你要裝作不知道，事後盡力去彌補就是了。

有些人直言快語，肚子裡放不住幾句話，發現老闆的疏漏就沉不住氣。

某公司召開年終總結大會，主任講話時出了個錯，他說：「今年本公司的合作單位進一步擴充，到現在已發展到四十六個。」

話音未落，一個下屬站起來，對著臺上正講得眉飛色舞的主任高聲糾正道：「講錯了！講錯了！那是年初的數字，現在已達到六十三個。」

結果全場譁然，主任羞得面紅耳赤，情緒頓時低落下來，他的面子被這一句突如其來的話丟得乾乾淨淨。

老闆有錯時，不要當眾糾正。如果錯誤不明顯不關大局，其他人也沒發覺，不妨「裝聾作啞」，等事後再予以彌補。

切忌不要在公眾場合或同事的面前跟老闆頂嘴，那反而會弄巧成拙。因為有些老板極重「面子」，即使明知自己錯了，也拉不下臉當眾承認，如果你又一味地窮追猛打，在大家面前讓他出醜的話，吃虧的只會是自己。

主管相爭，選擇站中間

作為下級，要想在單位中求生存、獲發展，就必須搞好與主管團體中每個成員的關係。

在主管之間，也不可避免地會出現或明或暗的競爭。表面上可能相處得很好，實際情況或許並不是這樣，有的人還想讓對方工作出錯，自己才有機可乘。如果公司裡的主管之間存在衝突矛盾，你無論是向左還是向右，都會失掉一邊。因此，聰明的做法是站在競爭派別的中間。

美國總統大選期間，季辛吉給尼克森的競選團隊打了一個電話，十分明確地表示他可以向尼克森陣營提供寶貴的內部情報，尼克森團隊當即高興地採納了他的提議。在這次競選中，洛克菲勒也是其中的競選人之一，但他失敗了，而季辛吉一直都是洛克菲勒的盟友。

與此同時，季辛吉也向民主黨的提名人韓福瑞表示了他的這種意願，韓福瑞要求他提供尼克森那邊的內部消息，以便能夠與尼克森抗衡。季辛吉就把尼克森的一切也全盤托出了。

最終勝利者是尼克森，季辛吉自然也如願以償地當上了國務卿，但他仍然小心翼翼地與尼克森保持著一定距離。因此當福特上臺時，原來與尼克森非常親密的人都被迫下臺時，唯獨季辛吉又繼續成了福特的官員。

季辛吉正是因爲先前與尼克森保持了適當的距離才倖免於難，繼續在動盪的年代裡叱吒風雲。

季辛吉是個兩面三刀的政客嗎？不，他的目的就是獲得國務卿這個位子，一切的手段都著眼於此。而尼克森和韓福瑞都答應了給他這個位子，不管誰獲勝，季辛吉都將從中獲利，得到他想要的位子，這正是季辛吉的明智之處。

在職場上，追求工作成績和報酬，希望獲得升遷，以及其他種種利害衝突，使得上司之間不可避免地存在著一種緊張的競爭關係。而這種競爭往往又不是一種單純的真刀實槍的實力較量，而是摻雜了個人感情、好惡、與上司的關係等十分複雜的因素。實際上，這也是一種「運動會」，表面上大家同心同德，平平安安，和和氣氣，內心卻可能各打各的算盤。

如何與互相有矛盾的上司相處呢？以下兩點是需要注意的：

一、與上司做到「等距外交」

「等距外交」的意思是指無論在工作上或生活上，你與所有的上級主管大致保持等距，大都處於關係均衡狀態。對每個主管在態度上同樣尊重、友好、不卑不亢。要善於控制自己的情感狀態，不以個人的喜惡作爲評價上級的標準，對所有的主管都努力做到以禮相待。

二、不越級越位請示、彙報工作

凡事越級越位請示，會搞得他很爲難，而直接負責的主管知道後，不僅會影響他們之間的關係，你以後的工作也就更無所適從了。

完全從一種純工作的角度著想，正確對待主管之間的矛盾與爭鬥，沒事儘量少

與上司們打交道，特別要注意不讓其中一個上司認為你是另一個上司的人。不要陷入主管間的惡鬥衝突中，不然的話，你不但會在無謂的紛爭中浪費自己的精力，而且會在兩敗俱傷中使自己受到牽連。

成為「精神行賄」的高手，給上司戴頂高帽

為人處世，沒有必要追求「水至清」的效果。如果你覺得拍馬屁很肉麻，那你至少也應該常去讚美別人。

讚美別人，彷彿用一支火把照亮別人的生活，也照亮自己的心田。

讚美，能讓聽者心裡暖洋洋的，對你好感大增。越是身居高位的人，越需要別人的稱譽和讚美。

讚美老闆，需要一定的技巧。

老闆是職位比你高一層的人士，所以你不能像對待同事朋友那樣隨意讚美；如果讚美得牽強附會則有奉承恭維之嫌，以致他未必照單全收，倒還有可能生出反感。

讚美老闆時，要考慮時機成熟時再予以讚美。

週末員工聚餐，經理在路上指著一個路人的皮包說：「這個包包蠻別致的，不知在哪兒買的。」

說者無心，聽者有意，半個月後，南茜就把一個同樣款式的皮包送到了經理的辦公室：「經理，我上周去參加客戶的發表會，人家給了個商場的消費卡，到商場一看，正好有這個款式的皮包，我就幫您選了一個，你看喜不喜歡？」

經理站起身說：「不行不行，你留著自己用吧。」

南茜連忙說：「難得您看中一件東西，說真的，您的眼光就是和別人不一樣。再說沒您的照顧，我哪有機會參加那個發表會啊！」

於是經理又拿出一張請柬說：「下週五在國賓飯店有個酒會，我也不喜歡湊熱鬧，你替我去吧。」

南茜接過請柬，假裝埋怨地說：「看您說的，好像您真老了似的，上次參加發表會好幾個女客戶還問我，您怎麼那麼年輕啊！」

說得經理面露喜色，其實經理已經五十多歲了。

南茜的成功之處在於她抓住了經理愛美、怕老的心理，非常自然地加以讚美，讓慨歎年華已逝的經理得到了心理的愉悅，南茜的皮包也沒有白送。同為讚美，知道美在哪裡，有針對性地讚美比空洞的讚美有價值得多。在人際交往中，要想贏得上司的好感，就必須時刻留意對方的興趣、愛好，明白上司的意圖，理解上司的心思，這樣才能「對症下藥」，讚到實處。

說起這紀曉嵐，通觀古今，堪稱才子型「精神行賄」的第一流高手。

乾隆五十歲時，他獻聯：「四萬里皇圖，伊古以來，從無一朝一統四萬里；五十年聖壽，自今而後，尚有九千九百五十年。」

乾隆八十大壽時正好登基滿五十五年，他又獻：「八千為春，八千為秋，八方向化，八風和慶，聖壽八旬逢八月；五數合天，五數合地，五世同堂，五福備至，嵩期五十有五年。」

好大喜功、標榜自己為「十全老人」的乾隆自然悅而受之，飄飄然地享受這高品質的馬屁，不亦樂乎。讚美不是生搬硬套，七拐八繞，硬拍強拍，說出來的話荒謬可笑，很容易引起上司的厭惡和鄙視。假如你沒有紀曉嵐的文采，在讚美的時候也要講究委婉自然的風格，順理成章，似不經意，卻又不一語中的，才能讓上司心滿意足

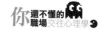

地接受。

如果你實在認為你的上司不值得讚美，就不必去讚美。虛偽的讚美會使自己陷入無法擺脫的困境，而對方也會覺得你是在嘲諷而不是讚美他。

巧妙迎合，才能更好贏得伯樂

在與上司的相處中，如果能投其所好，找到相同的興趣，會在一定程度上拉近雙方的心理距離，為雙方的交流提供媒介和通道。

不管你承認不承認，我們每個人在一生中都會有足夠的機遇，關鍵是我們有沒有準備，能不能把握。準備，就是知識和能力的儲備，把握，就是敏銳的眼光和擁有迎接機遇的有效方法。這裡所謂「有效方法」，其中最重要的就是迎合「伯樂」的眼光。這在求職時是尤其需要注意的一個方面。

許多應徵求職的青年，見了面試官就滔滔不絕地訴說自己的學歷、經歷、特長等。然而，十個應徵者中會有九個同樣說這些話，人家對哪一位也不會給予特別的注意。大學畢業一年的王康看到了一則廣告，一家公司需要招聘特殊才能和經驗的員工，就去應徵。他在去應試之前，先搜集了公司經理的相關資料。

正好面試官就是經理本人，王康見了他就說：「我很願意在這裡工作，我覺得能爲你做事，是最大的光榮，因爲你是一位發展大事業的成功人物。我知道你十八年前創辦公司的時候，只有一張桌子、一位職員和一部電話機。你經過堅毅籌畫，努力奮鬥，才能有今日這樣大的事業，你這種精神令我佩服，值得後生效仿。」

所有成功的人，差不多都樂於回憶當年奮鬥的經過，尤其願意向年輕人講授某個成功的活動。這位經理也不例外。所有來應徵的人，大都是毛遂自薦，但王康一下就抓住經理的心理。因此經理就很高興地講述他最初創業時，僅有一萬五千元的資本，這種小本經營處處受到別人譏笑。但他毫不氣餒，艱苦奮鬥，每天工作十二小時到十六小時之久，經過長期奮鬥才有今日成就。經理不斷地談論他自己的成功歷史，王康始終洗耳恭聽，期間以點頭來表示欽佩。

最後經理對王康很簡單地問了一些經歷，於是對旁邊的副經理說：「這就是我們所需要的人。」

王康後來留在經理的身邊，成了他得力的助手。

王康的聰明之處在於他事先瞭解了主管的經歷，並就此打出感情牌，抓住了主管的心理。職場中，在和主管相處時，要根據主管的性格特點和其好惡，對自己的爲人處世方式做一些必要的修正，以便迅速贏得主管的好感，建立起一定的感情。在此基礎上，主管才會有興趣深入瞭解和考察你的才幹，並使你「英雄有用武之地」。

某企業的幹事黃偉，爲人處世很有經驗並善於交際，善於和各式各樣的人打交道，尤其對上司的心思、愛好摸得特別清楚，「很會喬事」。所以工作沒有幾年就得到上司的重用。老經理退休，新經理上任，時隔不久他就摸清楚了新經理的興趣、愛好。新經理是位四十多歲的人，思維敏銳、觀念現代，是位敢想敢衝的開拓型領導者。八小時的工作以外經理的興趣就是讀書，尤其喜歡哲學著作。

新經理到任後，黃偉的外貌發生了變化。他一改過去的習慣，講究起了穿著、打扮。每天上班總是第一個走進辦公室，給新經理留下良好的印象。因爲經理的穿著很講究，很整潔，經理上班很準時。黃偉正是順著這個思路修正著自己。

知道新經理愛讀書，對哲學興趣濃厚，他便利用節假日逛書店，就連舊書攤也不放過。購買了許多哲學、文學、社會學方面的書籍。然後，利用晚上去經理家「拜訪」。今天送幾本，過些日子送幾本。久而久之在送書取書的過程中很自然地和經理有了談話、交往，加深了自己在經理心目中的印象。加之黃偉本身就有一定的能力和業務素質，透過觀察、考察，在經理上任不到一年的時間裡，黃偉就被提拔，擔任了該企業一個部門的主管。

投其所好，善於迎合是一門高深的職場處世藝術。當然，我們並不主張人們整天去揣摸主管、上司的意圖，圍著上司轉。但只要你仔細觀察，便不難發現，現實生活中，上司說你行，你就行，不行也行的現象太多，人們必須學會如何鑽進上司心眼裡，才能避免「說不行，就不行，行也不行」的難堪局面。

替你的上司背一次「黑鍋」

勇敢替上司背一次黑鍋，他絕對會把你看做「自己人」而努力栽培你。

大多數主管是聞功則喜、聞獎則喜，在評功論賞時，主管總是喜歡搶在前面；而犯了錯誤或有了過失後，許多主管都有後退的心理。此時，主管等待下屬出來保駕護航，敢於代主管受過。但是，從古至今，有許多的冤假錯案。而追究其冤假，追根究柢就是替人背黑鍋。替人背黑鍋，小者讓人小小的冤枉一回，大者喪失生命。

身爲公司的一員，誰都不願意犯錯誤，如果犯了錯誤，你的內心會非常的不安。當然，別人的錯誤如果讓你來承擔，也就是說，讓你背黑鍋，你更會覺得莫名其妙。

在公司中。主管有絕對的權力。許多事情的好與壞，都是由主管來決定的。有的時候，主管犯了錯誤，爲了逃避責任，往往會找一個「代罪羔羊」，也就是說找一個人給他「背黑鍋」。

如果此時，你勇於替上司背黑鍋，那麼贏得上司信任就不是一件困難的事了。在工作中，你的頂頭上司因爲某種緣故而犯了錯誤或者得罪了大老闆，大老闆正在對其大發雷霆，這時候，如果你挺身而出，拿出勇氣，大聲向你上司的上司交代，這錯誤全是因你而起，和別人沒有關係，所以處罰應該由你來承擔。這樣一來，你的上司見你如此夠義氣，自然會感動不已。

阿芳剛從學校出來，是個不知天高地厚的小丫頭，喜歡跟老闆直話直說。老闆不喜歡她，總是把重要的工作交給辦公室裡另一個大學生。阿芳一直不明白，自己的能力明明比那個女孩強，爲什麼得不到重用？看著那個同事步步高升，自己卻挪動不了職位，阿芳急了。

同事「高價」跳槽的那一天，阿芳在洗手間遇到了她。

女孩主動叫住她說：「妳知道爲什麼妳的能力很強，老闆卻不喜歡妳嗎？」

阿芳茫然地搖了搖頭。

女孩笑著說：「老闆終究是老闆，面子和威信對他們很重要。妳以爲他們不清楚自己做錯了嗎？只是他們不能在下屬面前承認。如果妳幫他扛下來了，他會感謝妳，信任妳，日後會加倍回報妳。妳呀，就是個性太強了。」

阿芳如醍醐灌頂。

現在，她是一家著名合資公司的人力資源部經理，在公司是出了名的八面玲瓏，和誰都是一團和氣，還編了順口溜：「老闆絕對不會錯。如果老闆有差錯，一定是我看錯。如果真是老闆錯，也是因爲我的錯才導致老闆的錯。如果老闆真的錯，只要他不認錯，就是我的錯。」

所以，作爲下屬，除了嚴重性、原則性的錯誤外，把過失歸結到自己身上，有利於維護老闆的權威和尊嚴，把大事化小，小事化了，不影響工作的正常運作，可以適當的代爲受過，但要是涉及帶有嚴重性、原則性的「黑鍋」時，必須堅持抵制老闆的「栽贓」行爲。

你能在必要的時候敢於代老闆受過，替老闆分憂解難，因而贏得了老闆的信任和感謝，對你日後的發展有益；從個人方面講，也能保護好自己，不讓自己落入陷阱。

別搶走你老闆的「風頭」

老闆希望部屬個個精明能幹，能獨當一面；但又不希望部屬比自己強，這是一種很微妙的心理。

千萬不要以爲自己的地位是理所當然的，也千萬不要讓任何榮寵沖昏了頭腦。永遠不要異想天開，以爲上司喜愛你，你就可以爲所欲爲。受寵的部屬自以爲地位穩固，膽敢搶過主子的風頭，終至失寵的事例簡直是屢見不鮮。

老闆之所以要當老闆，極大程度上有一種「衣錦榮歸」的出風頭欲望在內。那麼有表現的時候和場合，不要忘了將上司推到前面。有些部屬不懂得迎合上司的這種微妙心理，而是自己把老闆的「鋒芒」搶去，臉是露了，可是上司卻不會給你好臉色看。所以，明智的部屬應懂得如何適時地把自己的功勞歸於老闆。雖然這樣做會有委屈自己和逢迎拍馬之嫌，但有什麼辦法呢？誰叫你是部屬而他是老闆呢？做老闆當然要光彩奪目，而部屬相比之下自然應黯淡些，如果不是如此而是相反，那老闆自然容不下你。

比如，你的穿著裝扮比老闆更勝一籌，把別人的目光都吸引到你這邊而忽視了老闆，你想老闆心中會舒服嗎？更有甚者，某些人眼光拙劣，把做部屬的當做老闆，卻把老闆當做隨從，那老闆肯定把你打入「冷宮」。因為在一般人心目中，老闆應是穿得比部屬名貴些、有型些、漂亮些。

特別是同性之間，做部屬的穿著比老闆還豪奢名貴，那老闆必定很不舒服。尤其是女性上司，女性都對服飾特別看重，別人不經意間的讚揚或批評，都能讓其特別看重。如果你的老闆很講究服裝儀表，做部屬的也要注重服飾的整潔得當，但不要搶了老闆的風頭；如果你的老闆不太看重服飾，那你在穿著上「過得去」便行了。

又比如，在公眾場合搶著說話也不太適合。當部屬和老闆出現在公眾場合，老闆不太愛說話而部屬卻滔滔不絕，引得眾人的賞識和掌聲，那這位部屬離大去之期當不遠矣。在這些公眾場合，你把別人的目光都吸引到你這裡，把老闆的「風頭」都搶光了，老闆能不嫉妒你嗎？所謂言多必失，做部屬只能「屈居第二」，附和著老闆做些補充即可。

總括來說，有出風頭的機會應儘量留給老闆，千萬別做「搶」風頭的蠢事。

對於上司職責範圍內的事情，無論你本人多麼有能力，也絕不可擅自做主，私下處理，抹了上司的面子。

如果你比上司聰明，就要表現出相反的樣子，讓他看起來比你聰明幹練。你可以故作天真，使表面上看起來你更需要他的經驗，有時還可故意犯一些無傷大雅的錯誤，才有機會尋求他的幫助；上司們可是非常珍愛這樣的請求。如果身爲上司無法恩賜他的經驗於下屬，他可能就會賞給你他的憎恨及惡意。如果你的點子比上司的想法更富創意，盡可能以公開的姿態將這些點子劃歸他名下，讓大家都看清楚，你的建議不過是對他的意見的迴響。如果你的機智勝過他們，則扮演弄臣的角色也無妨，但要記住別讓他與你相比之下顯得一板一眼無生趣。必要時，隱藏你的幽默感，找出方法讓上司看起來才是散播歡笑、鼓舞士氣的人。如果你天生就是人緣好、慷慨大度，小心不要成爲遮蔽他光華的那片烏雲，因爲他必須看起來是每個人圍著打轉的太陽，散發著權力與光輝，是眾人注目的核心。如果你想要擠進取悅他的位置，表現出左支右絀的窘態可以贏取他的同情。若你還是想要以優雅和霸氣令他印象深刻，恐怕你都會爲此付出代價。

不管你與上司關係怎麼親密他終歸還是你的上司，你只是他的下屬，你們之間永遠也不可能平等。如果你與上司相處的時候不分長幼大小，忘了自己的身份地位，那最後的結果也只能是自討苦吃。

老闆身邊，要的是會「管理老闆」的人才

作為下屬的重要功能之一，就是設法為老闆降低不必要的壓力，讓老闆保持輕鬆愉快的工作狀態和正常地發揮能力作用，使團隊的既定目標能夠得以穩健地實現。

在職場硝煙的戰爭中，以下屬跟老闆的對抗最爲激烈。身爲下屬的你，想要跟上級「開戰」，那就得先「知己知彼」，才有可能「百戰不殆」。你當然不能以相同的手段來對付所有的老闆。你要首先明白老闆要的是什麼樣的人才。

在一個組織或團隊裡，領導者由於動見觀瞻，經常要承受巨大的壓力，各種內外壓力的交相逼迫對領導者的理念和判斷力都會構成嚴酷的考驗。一位勇於擔事的部屬在服務領導者時，會在自己的職務許可權之內，主動承擔更多的責任以減輕領導者的負擔。他知道如何透過妥善的規劃讓領導者得以集中精力處理最高投資報酬率的工

作。他會主動考慮領導者有哪些工作項目可以由自己來分勞，一些無法分勞的專案應該如何給予領導者以最大的支援。

管理老闆，就要先判斷出上級的真正個性，這樣你就成功了一半。以下所列，是你的職業生涯中會遭遇的七種老闆，以及如何接近與「馴服」他們的方法。學會並記住了這些，何愁老闆不對你另眼相看呢？

一、戰車駕馭者

在企業叢林中的行爲：無情鞭笞員工向前邁進。典型的虐待狂。

可辨認的特徵及其他記號：食指總是指著下屬。

典型用語：「爲什麼該做的部分還沒有完成？」

如何應付：將努力降低到尙可接受的最低表現就行了，反正你的上級永遠也不會滿意。同時，開始找新工作吧。

二、庸才

在企業叢林中的行爲：無能或因爲「私人關係」才擔任現職。

可辨認的特徵及其他記號：膽怯呆滯的表情。

典型用語：「嗯，是，我瞭解。」「嗯，嗯……」

如何應付：要小心。別嘲笑他，否則他可能會變得很惡毒。如果需要的話，就帶點「小恩小惠」來滿足他。另外，在他心智上無法負荷時，也稍微拉他一把，他可能會成爲你的朋友。

三、好好先生

在企業叢林中的行爲：有老闆的架勢，但是缺乏勝任工作所需要的能力。

可辨認的特徵及其他記號：太害羞，以至於無法看著員工的眼睛下命令，或者以領導者的口氣乾脆下命令。

典型用語：「不曉得你可不可以幫我做這個計畫書？我的意思是，如果你不太忙的話。」

如何應付：總是說自己太忙，沒法接勞累度密集與曝光度過高的計畫。趁還可以拒絕的時候，盡情利用這種權利。

四、小拿破崙

在企業叢林中的行爲：指揮他的部屬。小拿破崙充滿許多自我意識與領導幻想，以至於他沒有太多時間可以花在叱責任何特定個人身上。

可辨認的特徵及其他記號：把部屬們稱爲自己的「部隊」。

典型用語：「好，隊員們，接下來的幾周我們將需要更大的努力。」

如何應付：扮演好士兵，但是別自願做任何額外的任務。必要時要敬禮，交給他定期的「前線報告」，以贏得你的勳章。

五、徇私者

在企業叢林中的行爲：不分青紅皂白，偏愛特定部屬。被挑上眼的人可享受舒適快樂的生活，未能獲選「入圍」的人則如坐針氈。

可辨認的特徵：與某些部屬很親密，對其他人則心胸狹窄，以及公事公辦。

典型用語：（視他跟誰說話而有不同）「哥們，最近覺得怎麼樣？」「都什麼時候了，爲什麼報告還未交到我的手上？」

如何應付：如果非「入圍」者之一，另外找個工作或是要求調職。如果是「入圍」之一，善加利用。

六、吹毛求疵型

在企業叢林中的行爲：超細節傾向。

可辨認的特徵：關心報告的格式以及字形，更勝過內容。把檔案以字母編排，在檔案內則以年代來排列，爲備份製作備份。

典型用語：「你用的字體是十二級的細明體嗎？」

如何應付：既然他喜歡十二級的細明體，你給他的報告就用十二級的細明體好了。

七、事必躬親型

在企業叢林中的行爲：覺得只有自己能把事情做好。因此，他的員工只做大部分例行工作，以致閒的閒死，忙的忙死。

可辨認的特徵：不斷地在工作。

典型用語：「你們肯定做不好，還是交給我來做吧！」

如何應付：既然他喜歡，就交給他去做好了。

牢記以上七種類型，分析好老闆的性格，對症下藥去管理老闆，爭取早日成爲老闆身邊的大紅人。

是老闆都會喜歡勇於承擔的員工。這種員工的做法其實是在管理自己的老闆，「管理老闆」聽起來似乎有些冒犯，然而其用意在於找到一種身為員工和部屬的積極行為模式，強調身為員工和部屬所需要具備的勇氣、力量、操守、責任與使命感，藉以達到員工與老闆、部屬與主管相輔相成的目的。

挑戰權威，也能贏得上司喜歡

在面對上司時，我們需要做的是在尊重對方的前提下，進行有效的質疑，這種質疑有利於我們理解上司的命令，明白他的真實意圖，更準確和有效的予以執行，這樣你的上司才會更加賞識你。

愛迪生的一個故事很好地說明了這個道理。

大發明家愛迪生發明電燈時，輸電網的設計因直流電的局限而延緩了進展速度，與此同時，喬治・威斯汀豪組織了一個團隊，專門研製新的變壓器和交流輸電系統。愛迪生認爲應用交流電是極其危險的，他極力反對這件事情。爲了阻止威斯汀豪的創新，愛迪生花費數千美元安排了新聞、雜誌和廣告，向外界宣傳交流電如何可怕，使用它將會給人類帶來多麼大的危險。

在維斯特萊金研究所，愛迪生召見新聞記者，當眾用一千伏特交流電做電死貓的表演；他還爲此發表一篇題爲《電擊危險》的權威性文章，表達了自己反對研究和應用交流電的觀點。

面對愛迪生這位權威，威斯汀豪絲毫沒有氣餒，對圍攻交流電的宣傳也不甘示弱，他竭盡全力爲交流電的推廣奔走、努力，並且針鋒相對的在雜誌上發表了《回駁愛迪生》的文章，對愛迪生的觀點進行了質疑。

但是，正當威斯汀豪爲交流電推廣奔走時，令他做夢也想不到的事情發生了，紐約州法庭下令用交流電椅代替死刑絞架，這給威斯汀豪帶來致命的一擊。可是，對愛迪生來說，這真是上天賜給他的最好機會，他借著電椅大做文章，再次把恐怖氣氛煽動起來。而受到意外打擊的威斯汀豪，很明顯地在大名鼎鼎的愛迪生這個權威面前處於劣勢。

但他並不氣餒，始終堅信交流電的應用將給世界帶來新的光明。

不久，美國在芝加哥準備舉辦紀念哥倫布發現美洲大陸四百周年的國際博覽會。會上的精彩展品之一就是點燃二十五萬隻電燈，爲此，很多企業爭相投標，以獲取這名利雙收的「光彩工程」。愛迪生的通用電氣公司以每盞燈出價十三點九八美元投標，並滿懷希望能拿下這筆生意。威斯汀豪聞訊趕來，以每盞燈五點二五美元的極低標價與通用電氣公司競爭，這大大出乎所有人的意料。

主辦博覽會的負責人吃驚地問他：「你投下如此的低價，能獲利嗎？」

「獲利對我並不重要，重要的是讓人看到交流電的實力。」威斯汀豪坦然地回答。

對威斯汀豪的抱負，人們將信將疑。國際博覽會隆重開幕了，人們發現數萬盞電燈在夜幕下光彩奪目，非常壯觀。人們也爭先傳頌，是威斯汀豪用交流電照亮了世界。望著無比燦爛的燈光，愛迪生這才低頭沉思，並對自己的失誤深感遺憾，同時也對後來居上的創新者表示敬佩。

假如威斯汀豪迷信權威，對愛迪生的多次攻擊束手無策，交流電絕不會迅速在社會上崛起，也不可能有威斯汀豪電氣公司的輝煌。人貴有自己的獨立見解。當今社會，毫無主見的人是沒有立足之地的。無論是在生活當中還是在工作當中，都要有自己的見解。作爲下屬，如果不贊同上司的意見和見解，要勇於說「不」。一般而言，只要你認爲自己的意見是完全正確的，你的不同意見是爲了公司考慮，是爲了上司好，就要努力說出來。如果事實證明你的提議是完全正確的，上司就會對你欣賞不已。有的下屬在工作中因爲怕得罪上司，對上司的一言一行唯唯諾諾；當上司的意見或者見解不正確的時候，他即便知道，也不提出來。這樣的下屬或許會贏得上司一時的喜歡，但是絕對不會是長久的。

上司之所以不喜歡那些沒有主見的下屬，是因爲上司任用下屬的目的是爲了讓他們做事；不但要他們爲自己工作，還要把工作做好。要想好好工作，不能只憑藉工作熱情，還要知道怎麼樣才能把工作做好，要有自己的主見。

一個人如果無論做什麼事情都要依賴別人、沒有自己的主見，是不行的。當自己有了什麼見解或者想法的時候，不要將它們埋在腦海裡，要敢於主動地說出來。即使你的意見或者見解和你的上司相反也不要害怕。如果你因爲害怕上司，不將自己的想法表達出來，時間一長，上司就會以爲你是不會思考、沒有主見的人。通常情況下，那些沒有主見或者不將自己的主見表露出來的下屬是得不到上司青睞的。

與上司持相反觀點的人，往往容易陷入「是堅持真理，還是照顧上司面子」的怪圈。上司需要意見，因為他們不是萬能的神，能解決所有的問題，相反，他們也常常為解決不好某些問題而苦惱無比。因此，上司需要下屬經常向他提出好的意見。

簡化工作，提升工作效率

作為一名員工，在工作中必須想盡辦法化繁為簡，將牽絆工作效率的障礙甩掉。而簡化問題，從細節入手，避免冗繁正是我們簡化工作的重要途徑。

現代社會，人們似乎總有忙不完的事情，當忙完後才發現大多數時間是做無效的工作。事實上，隨著工作步調愈加複雜與緊湊，很多時候我們都將原本的簡單問題複雜化了，給自己徒增麻煩。在這種情況下，保持簡單是最好的應對原則。

簡單思維，有一個較爲有名的法則——奧卡姆剃刀。他的提出者奧卡姆・威廉有一句著名的格言，「如無必要，勿增實體」。不要把事情看得那麼難，那樣只會使人處於自我束縛中。許多問題解決起來，既不需要太複雜的過程，也不必要有太多的顧慮，絕妙常常是存在於簡單之中的。

根據奧卡姆剃刀這一原則，對任何事物準確的解釋通常是那種最簡單的，而不是那種最複雜的，這就像音響沒有聲音，我們總是會先看看是不是電源沒有接好，而不會馬上就將音響拆開檢查是否哪個線路壞了。

從方法論角度出發，奧卡姆剃刀就是捨棄一切複雜的表象，直指問題的本質。可惜，當今有不少人往往自以為掌握了許多知識，喜歡將一件事情往複雜處想。當我們的思路變得開始複雜時，應該時刻提醒自己：該拿起奧卡姆剃刀了。因為，只有簡單，才可以產生絕妙的主意。

有一家著名的日用品企業，換了一條全新的包裝流水線之後連連收到用戶投訴，抱怨買來的香皂盒子裡是空的，沒有香皂。這立刻引起了這家企業的注意，並立即著手解決這個問題。一開始企業準備在裝配線一頭用人工檢查，但因為效率低而且不保險而被否定了。這可難住了管理者，怎麼辦？不久，一個由自動化、機械、機電一體化等專業的博士組成的專業小組來解決這個問題，沒多久他們在裝配線的頭上開發了全自動的X光透射檢查線，透射檢查所有的裝配線盡頭等待裝箱的香皂盒，如果有空的就用機械臂取走。

此時，同樣的問題發生在另一家小企業。老闆吩咐流水線上小工務必想出對策解決問題。小工申請買了一台強力工業用電扇，放在裝配線的頭上去吹肥皂盒，被吹走的便是沒放肥皂的空盒。

同樣的問題，一個花了大力氣、大本錢研究了X透視裝備，一個卻用簡單的電風扇吹走空的肥皂盒。或許有人認爲，小工想到的用風扇吹走空肥皂盒的方法太簡單，太沒有技術性，但它達到了目的，解決了問題。這樣的方法更簡單易行，更省時、省力、省錢，這樣的方法就是好方法！

一、簡化問題

美國威斯門豪斯電器公司董事長唐納德・C・伯納姆在《時間管理》一書中提出：在做每一件事情時，應該問自己三個「能不能」：能不能取消它？能不能把它與別的事情合併起來做？能不能用更簡便的方法來取代它？在這三個原則指導下，我們就不會迷惑於複雜紛繁的現象，辦事效率會大大提高。

二、從細節開始

簡化工作要從我們工作中的一些細節入手，比如有效的利用辦公用具，就能實現工作效率的大大提升。

（1）有效利用名片簡化人際管理

你可以這樣開始：接到一張新名片後，馬上在名片記下「小抄」充當備忘錄，內容包括：會面的日期與地點、在何種場合下碰面、會談的主題與要點、由何人介紹認識，以及雙方約定的後續接觸事項。

（2）合理利用記事本

在記事本裡，分以下四項：常用電話號碼、待辦雜務、待寫文件、待辦事項。事情辦好之後，就可以用筆把它劃掉。如果不想弄得太複雜，記事本還可用顏色增進的效率。如用紅筆顯示緊急事物，黑筆代表一般的事。依需要選擇不同顏色，標出事情的優先順序和重要程度，可避免事到臨頭一團糟。

（3）做好環境管理

辦公桌管得有條不紊，就避免了混亂，時間就不會在找這找那中流失。

加拿大知名企業家保羅・威克多說：「一個辦公桌上堆滿很多種檔案的人。如果能把桌子清理一下。留下手邊急於處理的一些，就會發現工作起來更容易，也更實在。我稱之爲家務料理，這是提高效率的第一步。」

三、避免冗繁

冗繁是效率管理的大敵。國內有許多公司爲了提高員工的工作效率，專門花重金請來專業的諮詢公司，編寫出一些文采飛揚、圖文並茂、理論和案例也十分豐富的規定性和執行性檔，但最後這些檔往往被束之高閣，並沒有達到管理者預期的目的。

世界五百強企業之一的寶潔公司，其制度就具有人員精簡、結構簡單的特點，回應了保羅的簡單原則。寶潔公司推行簡單高效的卓越工作方法。

曾任該公司總裁的哈里在談到寶潔的「一頁備忘錄」時說：「從意見中選出事實的一頁報告，正是寶潔公司作決策的基礎。」

他通常會在退回一個冗長的備忘錄時加上一條命令：「把它簡化成我所需要的東西！」

如果該備忘錄過於複雜，他會加上一句：「我不理解複雜的問題，我只理解簡單明瞭的。」

將所瞭解的事情用「一頁備忘錄」表述出來，並不是一件容易的事。一是需要對事情做深入細緻的調查；二是要把所得到的資訊反覆研究，從中找出規律性的、代表性、本質性的東西。如何衡量是不是「透徹」了，一個最簡便、最有效的方法是：看能不能用「一頁備忘錄」概括你要講的或寫的內容。如果做到了，說明透徹了。反之，則說明對所說或所寫的內容仍然是心中無數，無論怎麼表述都很難收到理想的效果。

化繁為簡是提高工作效能的有效措施。馬上行動，追求簡單，事情就會變得越來越容易。反之，任何事都會對你產生威脅，讓你感到棘手、頭疼。化繁為簡，會使工作變得可行，使你信心大增。

第一次就把事情做對

「第一次就把事情做對」是一種最簡單、最高效的工作方法。

許多員工做事只求差不多，儘管從表現上看來，他們也很努力、很敬業，但結果卻總是無法令人滿意。

「第一次就把事情做對」是著名管理學家克勞斯比「零缺陷」理論的精髓之一。第一次就做對是最便宜的經營之道！第一次就把事情做對的概念是提升企業管理水準的靈丹妙藥，同時也是每個人應當信守的職業理念。

當我們被要求「第一次就把事情做對」時，許多人會反駁：「我很忙。」因爲很忙，就可以馬馬虎虎地做事嗎？

其實，重做的浪費是最冤枉的。第一次沒做好，再重新做時既不快，花費也不少。

忙要爲效率忙，而不是在忙中出錯。

有位廣告經理犯過這樣一個錯誤，由於完成任務的時間比較緊迫，在審核廣告公司回傳的樣稿時不仔細，在發佈的廣告中弄錯了一個電話號碼——服務部的電話號碼被他們打錯了一個數字。

就是這麼一個小小的錯誤，給公司導致了一連串的麻煩和損失。後來因爲一個偶然的因素使他發現了這個錯誤，他不得不耽誤其他的工作並靠加班來彌補。同時，還讓上司和其他部門的數位同仁陪他一起忙了好幾天。幸好錯誤發現得早，否則造成的損失必將進一步擴大。

由此可見，企業中每個人的目標都應是「第一次就把事情完全做對」，至於如何才能做到在第一次就把事情做對，克勞斯比先生也給了我們正確的答案。這就是首先要知道什麼是「對」，如何做才能達到「對」這個標準。

克勞斯比很讚賞這樣一個故事：

一次工程施工中，師傅們正在緊張地工作著。這時一位師傅手頭需要一把扳手。他叫身邊的小徒弟：「去，拿一把扳手。」

小徒弟飛奔而去，他等啊等，過了許久，小徒弟才氣喘吁吁地跑回來，拿回一把巨大的扳手說：「扳手拿來了，真是不好找！」

可是師傅發現這並不是他需要的扳手。他生氣地說：「誰讓你拿這麼大的扳手呀？」

小徒弟沒有說話，但是顯得很委屈。這時師傅才發現，自己叫徒弟拿扳手的時候，並沒有告訴徒弟自己需要多大的扳手，也沒有告訴徒弟到哪裡去找這樣的扳手。自己以爲徒弟應該知道這些，可是實際上徒弟並不知道。師傅明白了：發生問題的根源在自己，因爲他並沒有明確告訴徒弟做這項事情的具體要求和途徑。

第二次，師傅明確地告訴徒弟，到某間庫房的某個位置，拿一個多大尺碼的扳手。這回，沒過多久，小徒弟就拿著他想要的扳手回來了。

克勞斯比講這個故事的目的在於告訴人們，要想把事情做對，就要讓別人知道什麼是對的，如何去做才是對的。在我們給出做某事的標準之前，我們沒有理由讓別人按照自己頭腦中所謂的「對」的標準去做。

第一次沒把事情做對，忙著改錯，改錯中又很容易忙出新的錯誤，惡性循環的死結越纏越緊。這些錯誤往往不僅讓自己忙，還會放大到讓很多人跟著你忙，造成巨大的人力和物資損失。

給自己找個對手，讓自己成為「無敵手」

有時候，職場上一個優秀的對手才是自己最大的財富。

我們每個人都聽說過或玩過一種「陀螺」的玩具，它是一種只有在外力抽打的情況下，才會旋轉的玩具，而且外力越強大，它旋轉得越快。身在職場，我們要學習陀螺的精神，在壓力面前讓自己永保旺盛的鬥志和持久的耐力。

人在職場，不可能沒有競爭壓力，但許多人視競爭對手爲心腹大患，視異己爲眼中釘、肉中刺，恨不得欲除之而後快。其實，能有一個強勁的對手，反而是一種福分、一種造化，因爲一個強勁的對手會讓你時刻都有危機感，會激發你更加旺盛的精神和鬥志。

加拿大有一位享有盛名的長跑教練，由於能在很短的時間內培養出好幾名長跑冠軍，所以很多人都向他探詢訓練祕密。誰也沒有想到，他成功的祕密僅在於一個神奇的陪練，這個陪練不是一個人，而是幾隻兇猛的狼。

因爲這位教練給隊員訓練的是長跑，所以他一直要求隊員從家裡出發時一定不要借助任何交通工具，必須自己一路跑來，作爲每天訓練的第一課。有一個隊員每天都是最後一個到，而他的家並不是最遠的，教練甚至想告訴他改行去幹別的，不要在這裡浪費時間了。

但是突然有一天，這個隊員竟然比其他人早到了二十分鐘，教練驚訝地發現，這個隊員這天的速度幾乎可以打破世界紀錄。

原來，在離家不久經過一段五公里的野地，他遇到了一隻野狼。那野狼在後面拼命地追他，他在前面拼命地跑，最後，那隻野狼竟被他給甩下了。

教練明白了，這個隊員超常發揮是因爲一隻野狼，他有了一個可怕的敵人，這個敵人使他把自己所有的潛能都發揮了出來。

從此，這個教練聘請了一個馴獸師，並找來幾隻狼，每當訓練的時候，便把狼放開，沒過多長時間，隊員的成績都有了大幅度的提高。

日本的游泳運動一直處於世界領先地位，有人說，他們的訓練方法也有著很神奇的祕密：日本人在游泳館裡養著很多鱷魚。

隊員每次跳下水之後，教練都會把幾隻鱷魚放到游泳池裡。幾天沒有吃東西的鱷魚見到活生生的人，立即獸性大發，拼命追趕運動員。而運動員儘管知道鱷魚的大嘴已經被緊緊地纏住了，但看到鱷魚的凶相時，還是條件反射似的拼命往前游。

無論是加拿大人還是日本人，他們無疑都掌握了這樣一個道理，敵人的力量會讓一個人發揮出巨大的潛能，創造出驚人的成績，尤其是當敵人強大到足以威脅你的生命時。敵人就在你的身後，只要你一刻不努力，生命就會有萬分的驚險和危難。

在我們的現實生活中，大多數人天生是懶惰的，都盡可能逃避工作。他們大部分沒有雄心壯志和負責的精神，寧可期望別人來領導和指揮。就算有一部分人有著宏大的目標，也缺乏執行的勇氣。

他們對組織的要求與目標漠不關心，只關心個人；他們缺乏理性，不能自律，容易受他人影響；他們工作的目的在於滿足基本的生理需要與安全需要。只有少數人勤奮，有抱負，富有獻身精神，他們能自我激勵、自我約束。

人們之所以天生懶惰或者變得越來越懶惰，一方面是所處環境給他們帶來安逸的感覺；另一方面，人的懶惰也有著一種自我強化機制。由於每個人都追求安逸舒適的生活，貪圖享受在所難免。

此時，如果引入外來競爭者，打破安逸的生活，人們立刻就會警覺起來，懶惰的天性也會隨著環境的改變而受到節制。

所以，善待你所面對的壓力吧！千萬別把它當成你前進的「絆腳石」，而應該把它當做你的一劑強心針，一台推進器，一個加力擋，一條警策鞭。歡迎生活、工作中的一切壓力吧！因爲它們的存在，才讓你成爲一個旋轉越來越快的陀螺。

我們要讓自己更有戰鬥力，主動給自己施壓是可以的，但是自我加壓要適當，不要讓自己壓力重重，更不要因爲壓力而急於求成。要知道，越是急於求成越達不到預期的效果。

《論語‧子路》裡有一句著名的成語：「欲速則不達。」一味主觀地求急圖快，違背了客觀規律，造成的後果只能是欲速則不達。一個人只有擺脫了速成心理，一步步地積極努力，才能達成自己的目的。

就像一位哲人所說的那樣：「急於求成是永遠不會獲得想要的效果的，只有腳踏實地才能獲得最終的成功。」

有一個小朋友，他很想知道蝴蝶的幼蟲如何從蛹殼裡出來，變成蝴蝶便會飛。有一次，他看見一個蛹，便帶回家，過了幾天以後，這個蛹出了一條裂痕，裡面的蝴蝶開始掙扎，想突破蛹殼飛出來。這個過程長達數小時之久，蝴蝶在蛹裡面很辛苦地拼命掙扎，怎麼也沒辦法出來。這個小孩看著不忍心，便拿起剪刀把蛹殼剪開，使蝴蝶破蛹而出。但蝴蝶出來以後，因爲翅膀力量不夠，變得很臃腫，再也飛不起來，只能在地上爬，因爲它沒有經歷自己將蛹頂開然後飛出來這個過程。

那隻蝴蝶在蛹裡面要破開蛹飛出來的時候，要很辛苦地掙扎，而掙扎過程實際上是鍛鍊牠翅膀的過程。如果牠透過努力，最後將蛹打開，飛出來的時候，牠便可以一飛沖天。但是這個小孩用剪刀剪開蛹殼，蝴蝶輕而易舉地出來了，可是牠的翅膀是沒有力量的。這個小孩想幫蝴蝶的忙，結果反害了蝴蝶，是欲速則不達。由此不難看出，急於求成只會導致最終的失敗，所以我們不妨放遠眼光，注重自身知識的累積，厚積薄發，自然會水到渠成，達成自己的目標。

古代有一個年輕人想學劍法。於是，他就找到一位當時武術界最有名氣的老者拜師學藝。老者把一套劍法傳授給他，並叮囑他要刻苦練習。

一天，年輕人問老者：「我照這樣練習，需要多久才能夠成功呢？」

老者答：「三個月。」

年輕人又問：「我晚上不睡覺堅持練習，需要多久才能夠成功？」

老者答：「三年。」

年輕人吃了一驚，繼續問道：「如果我白天黑夜都來練劍，吃飯走路也想著練劍，又需要多久才能成功？」

老者微微笑道：「三十年。」

年輕人愕然。

喜歡武俠小說的人或許更明白，一個人要練成武功絕學，需要長時間的累積，越是求快，越容易走火入魔，也就是我們常說的欲速則不達。

年輕人練劍如此，工作中的許多事情也同樣如此。欲速則不達，遇事除了要用心用力去做，還應順其自然，才能夠成功。

當今社會，競爭如此激烈，許多人內心漸漸浮躁起來，工作上一味求快，這種急於求成往往使自身的發展更加步履維艱，甚至錯誤百出，與之前的設想相距甚遠，良好的工作成果就更加無從談起。想要使工作有所起色，就必須沉下心來，一步一個腳印地做事，摒棄速成心理，才有可能早日取得事業的輝煌。

老闆有不足，你要來彌補

在老闆沒錯怪你的情況下，你為老闆攬錯，老闆會感激你；如果在老闆錯怪你的情況下，你依然能大度地為老闆攬下錯誤，為老闆開脫，那麼你更會贏得老闆的重視。

「人非聖賢，孰能無過」，老闆在工作中出現一些差錯是在所難免的。上司出了錯，做下屬的該怎麼做？說三道四，冷嘲熱諷，讓上頭難堪？還是藉機抬高自己，讓別人覺得老闆不如你？

有一句話說得很好：「我爲人人，人人爲我。」

在職場，你不懂得尊重上司，上司就不會尊重你，更別說重用你了。因此，作爲下屬，不管你是普通的員工還是副職，當老闆有錯誤時，我們都應該懂得「補台」，並樂意爲老闆「補台」。比如當老闆陷入尷尬的時候，我們主動站出來替老闆打打圓場；當工作出了問題，並牽涉到老闆的責任時，我們不妨主動替老闆承擔責任。

在工作中，老闆也會經常出錯，可是爲什麼老闆出錯了，沒有人願意出來給老闆打圓場？主要原因有兩個：

你不尊重自己的老闆，覺得老闆出了醜，丟了面子，和自己沒關係。

本想幫老闆圓場，但擔心自己話說得不對，而越幫越糟。

但更多的時候，替老闆補台，不管你會不會巧說，只要你敢於把老闆犯得小錯攬到自己身上，你的補台就能成功。

一家公司新招了一批職員，老闆抽時間與這批職員見個面。他按員工姓名表把新員工一個個叫起來認識一下。

「黃燁（huà）。」老闆微笑著叫道。全場一片靜寂，沒有人應答。

老闆又念了一遍。

這時，一個員工站起來，怯生生地對老闆說：「楊總，我叫黃燁（yè），不叫黃燁（huà）。」

人群中發出一陣低低的笑聲，老闆的笑臉不見了，臉上有些不自然。

一個精幹的小夥子忽然站了起來，解釋道：「請楊總原諒，我是新來的打字員，是我把名字打錯了。」

「太馬虎了，下次注意。」老闆揮揮手，接著念了下去。

之後不久，叫黃燁的那個員工被解雇了，而那個打字員則被提升爲製作部經理。

老闆犯的小錯，打字員主動攬到自己身上。對自己而言，沒有任何損失，可是在老闆那裡，他卻會大大記你一功。試想，如果不是打字員出來打圓場，老闆的這個低級錯誤一定會成爲大家茶餘飯後的笑談，老闆顏面何存？

「人活臉，樹活皮。」作爲老闆更是如此。因此，作爲下屬，應當處處想到給老闆留臉面，尤其是在眾人面前，替老闆打個圓場，是分內之事，這會讓老闆更加喜歡你。

小甄今年剛剛大學畢業，進了政府機關，當了一名職員。這天，主管拿著一份檔案，讓他傳真到宣傳部門，小甄照辦了。

可是誰知道，第二天，主管怒氣衝衝地走進了小甄的辦公室，當著眾多同事的面，大聲斥責小甄：「妳是怎麼做事的？讓妳發份傳真到人事部，你卻給我發到了宣傳部！」

小甄一下子呆掉了，他回憶了一下，確定主管昨天向他交代的確實是宣傳部而非人事部，他想主管一定是在情急之中記錯了。

可是看著主管憤怒的臉，小甄二話沒說，主動承擔了責任：「對不起，實在對不起！都怪我辦事毛躁，本想抓緊時間辦好，沒想到鬧了個大錯。我一定會吸取教訓的，保證不會有第二次了！」

說完，他趕緊又給人事部發了份傳真。又過了一天，小甄被叫到了主管的辦公室，主管真誠地向她道了歉，說自己那天因爲著急，錯怪了小甄，並誇獎小甄小小年紀就懂得忍辱負重。自此，小甄在主管心目中的地位大大提升了。

很多人面對老闆的錯誤，早就翻臉了。但是，翻臉的後果就是，老闆會讓你走人。和主動爲老闆攬下錯誤相比，走人的後果當然更嚴重。所以，當老闆錯怪了我們時，我們不妨學學故事中小甄的做法。千萬不要當著眾人的面反駁上司，因爲上司需要維護一定的威信和顏面，即使他錯怪了你，你也不能當眾讓他下不了臺。你應該暫時把責任承擔下來，等上司發現自己錯怪了你時，自然會為你當初的忍辱負重而感動。

你的使命是幫助你的老闆完成他或她的更大目標。然而，這些目標究竟是什麼目標？有的時候，答案簡潔明瞭。可是有時候，你不得不做一點更深層的挖掘。

如果你清楚地知道你的上司想要完成什麼任務，你最好能幫忙。瞭解那些特別的目標將有助於你更好地掌握部門的發展方向。透過這些資訊，你就能採取前瞻性的措施來說明你的上司達到目標，上司也就會視你為部門中有價值的成員，那麼當他升遷時，你也會成為他推薦的對象。

傑佛瑞是一家紡織公司的業務代表，一直對自己的銷售記錄引以為自豪。曾有幾次，他向他的老闆卡羅爾解釋說，他如何如何賣力工作，勸說一位服裝製造商向公司訂貨。可是，卡羅爾只是點點頭，淡淡地表示贊同。

最後，傑佛瑞鼓起勇氣，面對著她：「我們的業務是銷售紡織品，不是嗎？」他問道，「難道您不喜歡我的客戶？」

卡羅爾和他的態度一樣，直視著他，答道：「傑佛瑞，你把精力放在一個小小的製造商身上，可是他耗費了我們太大的精力。請把注意力盯在一次可訂三千碼貨物的大客戶身上！」

傑佛瑞得到資訊後，他把手中較小的客戶移交給一位經紀人。雖然他只收到少量的傭金，但更重要的是：他正在對卡羅爾實現他的目標——找到主要客戶。

老闆不是全能，很多的時候，在一些很重要的工作面前，他憑藉自己的力量不能搞定。這時候，作爲下屬，如果我們有能力幫助老闆把難事辦成，主動替老闆補好業務上的缺口，幫老闆完成更大的目標，老闆會更加器重我們。

你為老闆分擔壓力，打開工作局面，不僅樹立了老闆的權威，同時也增強了自身的凝聚力和影響力。當然，除了當老闆出錯我們要懂得補台外，當老闆的工作不能向更高邁進時，如果我們有能力，我們要主動把業務的短板補齊，主動幫我們完成更大的目標。

CHAPTER 03

超級吸引力的辦公室心理學

在背後誇獎你的同事

在背後說一個人的好話比當面恭維說好話效果要好得多，你不用擔心，你在背後說他的好話，很容易就會傳到他的耳朵裡。

對一個人說別人的好話時，當面說和背後說是不同的，效果也不會一樣。你當面說，人家會以爲你不過是奉承他，討好他。當你的好話在背後說時，別人認爲你是出於真誠的，是真心說他的好話，才會領你的情，並感激你。假如你當著上司和同事的面說你上司的好話，你的同事們會說你是討好上司，拍上司的馬屁，而容易招致周圍同事的輕蔑。另外，這種正面的歌功頌德，所產生的效果反而很小，甚至有反面效果的危險。你的上司臉上可能也掛不住，會說你不真誠。與其如此，倒不如在公司其他部門、上司不在場時，大力地「吹捧一番」。這些好話終有一天會傳到上司的耳中的。

在背後說別人的好話，能極大地表現你的「胸懷」和「誠實」。有事半功倍的效用。比如，你誇上司說他公平，對你的幫助很大，而且從來不搶功。以後，你的上司在「搶功」時，可能會有那麼一點點顧忌，也會手下留情。如果別人瞭解了你對任何人都一樣真誠時，對你的信賴就會日益增加。

在背後說別人的好話，會被人認爲是發自內心、不帶私人動機的。其好處除了能給更多的人以榜樣和激勵作用外，還能使被說者在聽到別人「傳播」過來的好話後，更感到這種讚揚的真實和誠意，因而在榮譽感得到滿足的同時，增強了上進心和對說好話者的信任感。

所以，在背後誇讚一個人比當面恭維效果要好得多。當然，前提是一定要想辦法讓對方知道。否則，這一切都沒有意義。所以，選擇聽者很重要。

首先，這個人喜歡「傳話」。這樣才能保證你的好話沒有白講，心血沒有白費。

另外，也要講究一下方式。在重點誇讚那個人時，更要順便把眼下這個傳話者誇獎一番；或在重點誇讚這個傳話者時，「順便」誇一下你真正要誇的那個人。

比如，你誇了「傳話者」熱情、愛幫助人，而且感歎這樣的人現在越來越少了。然後「指點」他，不妨和「主要被誇者」多接觸接觸，他這個人也很熱心，值得交。同時要注意的是「傳話者」不能對「被誇者」有心結或不滿。否則，他（她）不但不把你的話傳過去（他也沒條件傳到「被誇者」那裡），反而會把你當做他的「敵人」的同黨。

有一點則是微妙的，儘量不要讓傳播者和被誇者是同性，尤其不要都是女人。有時，哪怕你說的是事實，也會讓「傳話」的人心裡不舒服。即使你先誇讚她許多，只提及另外那個人一點點，她很可能將有關她的話「照單收下」，而將對她的同性的稱讚半路「截留」。

喜歡聽好話似乎是人的一種天性。當來自社會、他人的讚美使其自尊心、榮譽感得到滿足時，人們便會情不自禁地感到愉悅和鼓舞，並對說話者產生親切感，這時彼此之間的心理距離就會因讚美而縮短、靠近，自然就為交際的成功創造了必要的條件。

別做辦公室裡的「孤獨者」

公司是一台大機器，員工就好比每個零件，只有各個零件凝聚成一股力量，這台機器才可能正常啟動。

梁昱進入一家公司工作，由於他在學校時就是班上的優等生，所以在進入公司後，常常恃才傲物，個性強硬，從不認輸服軟。當時和他一起進入公司工作的還有安東。安東和梁昱一樣也非常優秀，然而到了公司上班之後，他看到身邊的人都很踏實地工作，而上司又是個好嫉妒的人，於是他就收斂鋒芒，勤奮工作，連喜歡抽煙的毛病也因辦公室無人抽煙而戒掉了。他還主動熱情地和同事打交道，於是很快就贏得了同事和上司的喜歡。

在年終評選優秀員工的獎勵大會上，由於安東的優秀工作業績和同事的支援，他受到了表揚，而梁昰也非常努力地工作，甚至工作成績比安東還好，可是由於同事背地裡常說他的壞話，上司不喜歡他，等等，在評選大會上他一票也沒得到，有好成績也沒受到表彰。梁昰認為自己不受重視，感覺英雄無用武之地，因此辭職而去。離開這家公司後，他走了幾個地方，也沒有找到滿意的工作，他為此深感懊惱。

其實生活中不難發現，有的員工因為不能很好地與同事相處而無法在公司立足。所以作為一名在職人員，尤其要加強個體和整體的協調統一。因為員工作為個體，一方面有自己的個性，另一方面，就是如何很好地融入集體，而這種協調和統一很大程度上建立於人的協調和統一。

就算一間辦公室裡只有你和部門經理兩個人，而你就坐在經理的身邊。這個辦公室對你來說，也不只是那小小的一間，而是除了這「一畝三分地」以外的很多地方。一個年輕人，整天在主管身邊固然可以更好地鍛鍊自己、表現自己，但是如果不和其他的員工接觸，工作一定很難做好。所以，你要經常到其他辦公室走走，和同事們聊聊天，這是與人交往的需要，你要避免總被同事們說成是「主管身邊的人」。

和同事做朋友，其實大家都在一條船上，把自己融進去，而不是跳出來，這是新世紀「團隊協作」的要義。它對封閉自我的人們提出了新的挑戰——增強人際交往的能力，跳出自我的小圈子，融入到團體中去，這是不容迴避的現實。讓自己成爲團隊中的一員，大家共同奮鬥，才能談得上勝利。同事友情如此有價值，如果你還在做流浪的孤兒，是不是太愚蠢了？

當然，你究竟是不是孤獨者，同事不會直接跟你講，但是你卻能從他們的行動中感受到。如果有下述的情況發生，你就要多加注意了。

一、你的同事們約好一起去郊遊，卻沒你的份

這表明他們不喜歡你，你可能與上司太親密，以致脫離了群眾，大家怕你出賣他們。抑或你的工作十分出色，常被上司表揚，引起了同事的嫉妒。這就提醒你，要儘快與同事拉近關係。

二、同事常在一起竊竊私語，你一走近時他們就不說了

這表明他們一定在議論你的隱私。你與上司的關係是否很曖昧？是否有上司的隱私被曝光？你的私生活和化妝、著裝上有什麼不檢點之處？檢查你的私生活會發現他們議論的焦點。當然你也可以單獨請其中一位和你關係較密切的人喝茶，以瞭解癥結所在。

三、你常受到上司的表揚，但你的同事卻在背後詆毀你

這表明你在辦公室是個很能幹的個人英雄主義者，缺少與同事的配合和溝通。辦公室是一個團體，單槍匹馬地去搶功，必然會遭到背後的冷箭。這樣下去，你很快就會陷於孤立無援的地步。

四、同事帶著女兒到辦公室，但沒有給你介紹

這表明她覺得你太古怪，不想讓女兒跟你接觸，也許你以前沒有關心過其他同事的家人。你應主動去與同事的女兒說話，藉此來溝通與同事的關係。

爲避免成爲公司裡的孤獨者，以下幾點供你參考：

一、杜絕算計別人的念頭

任何人都對別人的背後算計非常痛恨，算計別人也是職場中最危險的行爲之一。這種行爲所帶來的後果，輕則被同事所唾棄，重則失去飯碗，甚至身敗名裂。如果你經常抱著把事業上的競爭對手當成「仇人」、「冤家」的想法，想盡一切辦法去搞垮對方時，你就有必要檢討了。就是老闆，也絕對不希望自己的手下互相排擠，他們希

望每個人都發揮自己的長處，爲公司帶來更多的利益，而互相排斥只會使自己的企業受損失。周圍的同事也同樣討厭那些喜歡搬弄是非、耍陰招的人，每個人都希望與志趣相投的人共事。不懂得與人平等競爭、相互尊重，就會失去大家的信任。

二、主動與同事交流溝通

人在職場，難免會遇到同事的誤解。有的是他人造成的，有的則是自己不經意間造成的，對此決不能採取消極的聽之任之的態度，更不要以對抗的方式去面對，而是要透過溝通來解決。透過溝通，不僅有助於消除同事對你的誤會，更會加深同事對你的認識。當然，與同事在人際關係上的溝通，並不意味著只有當同事出現誤解時才去進行，必須貫穿於工作的始終。職場中的每一個人都必須突破溝通障礙，致力於建立正常的人際溝通，人際溝通解決好了，成功的機會也就會自然而然地多起來。

三、不要拒絕同事進入你的生活

只把同事當成工作夥伴是不對的。在你生活圈的朋友裡面有自己的同事嗎？如果沒有，就要檢討一下自己對同事的交往態度了。其實和同事進行生活中的交往有很多好處，比如一起出去郊遊、一起搭車上下班、一起逛街買衣服、一起租房等。這樣可以加深彼此的瞭解，促進工作的合作愉快，在經濟上也可以互利互惠，在生活上可以互相照顧，工作上取得的成績可以共同分享，有了難處也能夠互相幫助。

四、尋找共同興趣

俗話說「趣味相投」，只有共同的愛好、興趣才能讓人走到一起。小紅所在的公司大部分同事都是男性，中午吃飯時的短暫休息時間，同事們往往會聚集在一起談天說地，可惜小紅總感覺到插不上嘴，起初的一段日子只能在旁邊遠聽。男同事們喜歡談論的話題無非集中在體育、股票上面，但他們即使不懂時裝的流行趨勢，也不妨礙他們與女同事的交流。不過要想和這些男同事搞好同事關係，首先得強迫自己去接受他們的一些感情和愛好。於是小紅開始「有意識」地關注體育方面的消息和新聞，遇到合適機會甚至還和男同事們一起去看球賽。

「現在有了共同話題後，和男同事相處容易多了；每次和他們閒聊的過程中，也會將自己在工作中的一些感受和他們進行溝通，我們之間的工作友誼也增進了不少」，小紅如是說。

五、低調處理內部衝突矛盾

在長時間的工作過程中，與同事產生一些小摩擦，那是很正常的；不過在處理這些問題的時候，要注意方法，儘量不要讓你們之間的摩擦公開激化。辦公場所也是公共場所，儘管同事之間會因工作而產生一些小摩擦，不過千萬要理性處理摩擦事件。不要表現出盛氣凌人的樣子，非要和同事做個了斷、分個勝負。退一步講，就算你有理，要是你得理不饒人的話，同事也會對你敬而遠之的，覺得你是個不給同事餘地、不給他人面子的人，以後也會在心中時刻提防你的，這樣你可能會失去一大批同事的支持，成為孤獨的人。

六、向你的同事求助

輕易不求人，這是對的。因為求人總會給別人帶來麻煩。但任何事物都是辯證的，有時求助別人反而能表明你對別人的信賴。你不願求人家，人家也就不好意思求你；你怕人家麻煩，人家就以為你也很怕麻煩。良好的人際關係是以互相幫助為前提的。因此，求助他人在一般情況下是可以的。當然，要講究分寸，儘量不要讓人家為難。

無論自己處於什麼職位，首先需要與同事多溝通，因為你個人的視野和經驗畢竟有限，要避免給人留下「獨斷專行」的印象。況且，隨著社會分工的越來越細，這種溝通協調也是必須的，千萬不能做公司裡的孤獨者。

別和同事爭口邊的勝利

避免爭論可以節省你的大量時間與精力，使你投入到完善你的觀點和實踐你的觀點的工作中去。

有甲和乙兩位先生，甲先生的性情非常固執，不肯認錯。有一天，他們兩人正在閒談，無意中談到了砒霜是一種有毒物質，而甲先生偏說沒毒，有時吃了還可以滋補身體。乙先生反對甲先生的主張。但甲先生越是受到乙先生的反對，越是要爲自己的主張辯護。

結果，甲先生爲使他的主張成立，對乙先生說：「你不相信嗎？那我們可以當場試驗，我來吃給你看，到底我吃了砒霜之後會不會死。」

乙先生到了這時候，深恐甲先生真的中毒而死，所以竭力說著砒霜有大毒，勸甲先生不要冒險。但乙先生越是勸他不要吃，他越是要吃給乙先生看。結果甲先生一命嗚呼。

甲先生死了之後，因爲甲先生和乙先生本來是好友，所以乙先生就深自悔恨，說當時不該和他這樣地爭辯。甲先生的死，完全是因他而起的；因爲當時如果乙先生承認自己的主張不對而同意了甲先生的主張，那麼這場人命案件便也不會鬧出來了。

在辦公室裡與人相處要友善，說話態度要和氣，不要與人爭個面紅耳赤，即使是有了一定的級別，也不能把自己的觀點強加於人。如果大家的意見不能夠統一，可以保留自己的意見，對於那些原則性並不很強的問題，也沒有必要爭得你死我活。

有些人喜歡爭論，一定要勝過別人才肯甘休。假如你實在愛好並擅長辯論，要發揮自己的辯才的話，可以用在與客戶的談判上。如果一味好辯逞強，會讓同事們對你敬而遠之，久而久之，你不知不覺就成了不受歡迎的人。

雖然是因爲你用某某事件或理論來證明你的意見是正確的，你也透過爭論的手段達到了勝利的目的，而他也已啞口無言了，但你卻萬萬不可忽略了這一點：他不一定就能放棄他的思想來信奉你的主張。

因爲，他在心裡所感覺到的，已經不是誰對與誰錯的問題，而是他對於你駁倒他懷恨在心，因爲他的自尊心掃地了。

這樣看來，你雖然得到了口邊的勝利，但和那位同事的關係卻從此疏遠了，甚至一刀兩斷。比較之下，你會不會覺得，當初真是有欠考慮，僅僅爲了口邊的勝利，而得罪了一個同事——如果那位同事較小氣，說不定他正在伺機報復呢！

有些人在和同事翻臉之後，明知大錯已鑄成，也故作不後悔狀，還經常這樣認爲：「這樣的同事不要也罷。」其實這樣對你又有什麼好處呢？並且，如果你損害了別人的尊嚴，對方可能從此記恨在心，說不定有一天他就會用某種方式還以顏色給你。

生活中常會遇到一些專愛與人作對的人。對於那些與你唱反調的人，你採取何種態度呢？通常，大多數人所採取的態度是——向對方展開反駁。

事實上，這種反駁是沒有什麼用處的。你之所以會對他展開反駁，乃是欲使他持有與自己相同的意見。從道理上講，對於那些與你唱反調的人，你或許應該大規模地展開反駁，以便把他們駁倒。不過，即使你做到了這個地步，其效果又如何呢？

你必須冷靜思考的是你自己所希望的，而並非徹底地去擊敗他，使他投降；而是使對方同意你的看法、意見，使他的觀點與你一致。

爲了說服對方，改變他的意見及行爲，必須冷靜地把事實指出給他看，與他從容地交談。當你與某人議論時，必須注意到一件事，那就是，在展開爭論時，切勿衝動地大嚷起來，或採取激烈的態度。針對這個問題，美國耶魯大學的兩位教授進行了一項實驗。

這兩位教授耗費了七年的時間，調查了種種爭論的實態。例如，店員之間的爭執，夫婦間的吵架，售貨員與顧客間的鬥嘴等，甚至還調查了聯合國的討論會。

結果，他倆證明了凡是去攻擊對方的人，絕對無法在爭論方面獲勝。相反，能夠在尊重對方的人格方面動腦筋的人，則往往能夠改變對方的想法，甚至能夠按自己的想法操縱對方。

從這件事中，我們不難獲知：人們都有保護自己避免被他人攻擊的強烈衝動。當你對他人說「哪有那種荒謬透頂之事！」或者「你的思想有問題」之時，那個人爲了保全自己的面子，以及守住自己的立場，定會緊緊地閉起他的心扉。因而，與人展開議論之時，總是以採取冷靜的態度爲妙。

別人和你談話時，他根本沒有準備請你說教，若你自作聰明，拿出更高超的見解，對方決不會樂意接受。所以，你不可隨便擺出要教導別人的姿態。你的同事向你提出一個意見時，你若不能贊同，最低限度要表示可以考慮，但不可馬上反駁。要是你的朋友和你談天，你更要注意，太多的執拗會把一切有趣的生活變得乏味。遇上別人真的錯了，又不肯接受批評或勸告時，別急於求成，往後退一步，把時間延長些，隔一天或兩個星期再談吧！否則大家都固執，就不僅沒有進展，反而互相傷害感情，造成隔閡了。

許多人因為喜歡表示不同意見，而得罪了同事，所以常常有人認為不要輕易表示出不同意見。這種看法是很片面的，而且也是不老實的。只要你的辦法是正確的，向別人表示自己的不同意見，不但不會得罪人，而且有時還會大受歡迎，使人有「聽君一席話，勝讀十年書」之感。

避免僵局和爭論，是談話的藝術

完全沒有必要浪費太多的精力去做那種沒有結果也毫無意義的事情。少去了面紅耳赤的爭論，只會使雙方互相尊重，因而增進情誼，有利於思想交流和意見的轉換。

認爲自己的意見絕對正確，而把別人的意見看做是愚蠢幼稚、荒誕無稽的，那你就傷人了，而且傷得很厲害。因此，不應該在小節處爭論不休，即使你不同意對方的意見，你最好仍要表示對方意見中你所贊同的看法，以便緩和一下談話氣氛，使對方覺得你並不是抹殺別人的一切。無論你的意見和看法與對方的意見和看法距離多麼遙遠，衝突得多麼厲害，絕對不要表現出一種無可商量的態度。如果你是一個善於談話的人，你一定要小心地使談話不要陷入僵局，使談話能維持下去。

在說話時，爲了讓別人有考慮的餘地，你要儘量緩和，最好能夠避免使用「絕對是這樣」的說法。你可以說：「有些時候是這樣的，有些時候是那樣的。」甚至你可以說：「大多數人都是這樣的，其效果比別人的那樣要好。」更重要的是，你不要用一種教訓人的聲調來說話，也不要用一種非常肯定的聲調來講話，以避免和別人爭論，使別人不高興，讓人難以接受。

避免爭論，大致可以從以下幾方面做起：

一、歡迎不同的意見

當你與別人的意見始終不能統一的時候，這時就要求捨棄其中之一。人的腦力是有限的，有些方面不可能完全想到，因而別人的意見是從另外一個人的角度提出的，總有些可取之處，或者比自己的更好。這時你就應該冷靜地思考，或兩者互補，或擇其善者。如果採取的是別人的意見，就應該衷心感謝對方，因爲有可能此意見使你避開了一個重大的錯誤，甚至奠定了你一生成功的基礎。

二、不要相信直覺

每個人都不願意聽到與自己不同的聲音。每當別人提出與你不同的意見，你的第一個反應是要自衛，爲自己的意見進行辯護並去竭力地找根據，這完全沒有必要。

這時你要平心靜氣地、公平、謹愼地對待兩種觀點（包括你自己的），並時刻提防你的直覺（自衛意識）對你做出正確抉擇的影響。値得一提的是，有的人脾氣不大好，聽不得反對意見，一聽見就會暴躁起來。這時就應控制自己的脾氣，讓別人陳述觀點，不然，就未免氣量太窄了。

三、耐心把話聽完

每次對方提出一個不同的觀點，不能只聽一點就開始發作了，要讓別人有說話的機會。一是尊重對方，二是讓自己更多地瞭解對方的觀點，好判斷此觀點是否可取，努力建立瞭解的橋樑，使雙方都完全知道對方的意思，不要弄巧成拙。否則的話，只會增加彼此溝通的障礙和困難，加深雙方的誤解。

四、仔細考慮反對者的意見

在聽完對方的話後，首先想的就是去找你同意的意見，看是否有相同之處。如果對方提出的觀點是正確的，則應放棄自己的觀點，而考慮採取他們的意見。一味地堅持己見，只會使自己處於尷尬境地。因爲照此下去，你只會做錯。而到那時，給你提意見的人會對你說：「早就跟你說了，還那麼固執，知道誰是對的了吧！」這時，自己怎麼下臺？所以爲避免出現這種情況，最好是給對方一點時間，把問題考慮清楚，而不要訴之於爭論。建議當天稍後或第二天再交換意見。這使雙方都有時間把所有事實都考慮進去，才可能找出最好的方案。這時就應進行一下反思：「反對者的意見是完全對的，還是有部分是對的？他們的立場或理由是不是有道理？我的反應到底是有益於解決問題還是僅僅會減輕一些挫折感？我的反應會使我的反對者遠離我還是親近我？我的反應會不會提高別人對我的評價？我將會勝利還是失敗？如果我勝利了，我將要付出什麼樣的代價？如果我不說話，不同的意見就會消失了嗎？這個難題會不會是我的一次機會？」

五、真誠對待他人

如果對方的觀點是正確的，就應該積極地採納，並主動指出自己觀點的不足和錯誤的地方。這樣做了，有助於解除反對者的武裝，減少他們的防衛，同時也緩和了氣氛。要明白，對方既然表達了不同的意見，表明他對這件事情與你一樣的關心。因而不要把他們當做防衛的對象，不能因爲提出了不同的意見就把他們當做「敵人」；反而應該感謝他們的關心和幫助。這樣，本來也許是反對你的人也會變成你的朋友。

男高音歌唱家杰恩・皮爾斯結婚差不多有五十年之久了。

一次他說：「我太太和我在很久以前就訂下了協議，不論我們對對方如何的憤怒不滿，我們都一直遵守著這項協議。這項協議是，當一個人大吼的時候，另一個人就應該靜聽——因爲當兩個人都大吼的時候，就沒有溝通可言了，有的只是噪音和震動。」

所以，當雙方都各執己見、觀點無法統一的時候，自己應該會把握自己，把不同的看法先擱下來，等到雙方較冷靜的狀態時再辨明真僞。也許，等到你們平靜的時候，說不定會相顧大笑雙方各自的失態呢。

當你勝利的時候，你也應該表現出自己的大將風度，不應該計較剛才對方對你的態度。應該顧及對方的面子，可以給對方一杯茶，抑或是向他尋求一點小幫助，這樣往往可以令他重返愉快的心情。這樣才能與同事和諧相處。

同事之間，可同流不合汙

當職場中的現實衝擊到自己原則，是選擇做沉默的大多數，還是做力排眾議的少數派？也許，做一個「同流」而不「合汙」的人是更明智的選擇。

史樂進某公司市場部不久，就發現在這個十來個人的部門裡，有一個三四人組成的小圈子。這幾個人工作相互之間特別默契，但對這個圈子外的人則多少有點不配合，有時甚至暗中排擠。部門經理有時也睜一隻眼閉一隻眼，而那個圈子的核心人物的無形影響似乎比經理還大。

這些天，那個圈子裡的馬大姐中午有事沒事跟他套關係，昨天問他父母是做什麼的，今天問他有沒有女朋友。當她知道史樂現在還沒有女朋友時，馬上表示願意爲他當「紅娘」。史樂知道馬大姐是想拉自己「下水」，成爲他們那個圈子裡的人，他有些猶豫：如果自己不進他們那個小圈子，今後自己在工作中難免會遭到刁難；如果進入他們那個小圈子，自己又從心裡厭惡這種拉幫結夥的行爲。他有點不知所措。

進入職場，突然被推到一群陌生的同事當中時，你可能也會像史樂一樣，面臨這樣一個艱難的選擇：是保持自己的個性，還是儘快融入另外一個陌生的圈子？你可能會覺得與其跟一大幫無趣的人混在一起，還不如堅守自己的空間。於是，你堅持「三不原則」，即不和同事做朋友，不和同事說知心話，不和同事分享祕密。每天例行公事後，就埋頭看書，與同事的關係越來越疏遠，但是，你漸漸發現自己的工作越來越困難，雖然自己誰也沒得罪，可是一些負面評價老是左右陪伴著你。於是，你的職場人際關係開始陷入泥沼。

職場中，人際關係就像張漁網，缺了哪一方面都不行。要順利處理職場人際關係，我們就要學會融入一定的圈子。作為職場中人，你必須與周圍的小圈子「同流」，它畢竟是存在的，不管你喜不喜歡，它都會對你的工作產生影響。但在「同流」的情況下，你可以選擇不「合汙」。

男女交往，遠離辦公室戀情

工作本身是一個理性的事情，需要一個絕對客觀公正的心態，一旦感情牽扯其中，你會發現自己很難做決斷。

辦公室戀情雖可以讓平日朝夕相處的同事有一層溫情，但也是一種引火自焚的遊戲。即使這樣，很多人還是選擇辦公室戀情。他們覺得，當你每天看著心愛的人在自己身邊，偶爾交換個眼神，有事還能隨時找他幫忙，是件非常好的事。但所有的辦公室戀情都這樣嗎？

辦公室戀情很多時候註定只是人生中的匆匆一景，難成氣候。因爲同在一個公司，總是會涉及很多的利益關係，尤其是在較大的企業，辦公室戀情很難讓人相信是純粹的情感。事實也證明，很多的戀情只是逢場作戲。在一般女人的眼中，相信男人不如相信自己，不管怎樣，自己的安全是第一位的，最好是能一步比一步好。

辦公室戀情，有時候也會成爲自己的軟肋，不小心就會被人戳到。最麻煩的是分手之後如何收拾殘局。要從愛情創傷中痊癒，已夠令人痛心，如果分手之後還要與舊情人每天在辦公室中見面，就是痛上加痛。那時，你必須自我調整，從自怨自艾中站起來。其實，做朋友比談戀愛更適合職場環境。

喬恩和麗迪亞相交已經長達二十年之久，他們的友誼沒有對各自的家庭帶來任何不好的影響，甚至在最近幾年他們還開始了家庭聚會。正如麗迪亞所說：認識喬恩時她才二十歲，那時她正在一家業餘劇院演出。她一直住在原來的城市直至四年前離開，喬恩則在十五年前就離開那個城市，並在那裡遇到了他現在的妻子，自己則有幸到那裡參加了他們的婚禮。

每逢耶誕節或新年，喬恩都會回到達拉斯，並和麗迪亞共進早餐，這幾乎都成了習慣。後來喬恩去了新墨西哥，他們一度疏於聯絡。不過，去年十二月，他們各自帶著家人重逢，並度過了愉快的一周。喬恩和麗迪亞重溫了共進早餐的感覺，不過，幾天以後他們再次分別，回到各自的城市。他們清楚，他們已經在各自的生命中養成了新的習慣——和自己的愛人共進早餐。

異性同事交往採取大方、不輕浮的態度，做朋友比談戀愛更有利於工作與生活。以尊重對方的態度來處理辦公室中的一些事務，這樣，將會使某些複雜的事物變得簡單。千萬不要將辦公室的異性關係演繹成類似戀愛關係所期望的那種曖昧的結果，也不要與某個異性發展成比其他異性更爲親密的關係，這樣，你的工作環境會更加清新。

物以類聚，人以群分。男女同事之見，每天相處，難免心生好感，但產生好感的同時也可能因此影響你和同事間的關係，給自己帶來不必要的煩惱。

得罪「紅人」，無異於以卵擊石

千萬不要小看職場中的「紅人」，有時候，處理好與他（她）的關係，遠比你想像的要重要得多。

在職場中，時常見到老闆的身邊的「紅人」，他們或許是老闆的親戚、朋友，或許是老闆培植的心腹員工。有些人認為，在公司裡只要盡心盡力，取得業績，贏得老闆的賞識和歡心，加薪提升便指日可待了。那些老闆身邊的「紅人」，根本就不必不放在心上，他們認為沒必要認真地重視老闆的身邊的「紅人」，只要不得罪就行了，殊不知，這樣一來，讓自己走了不少彎路。

蘇亮才剛滿二十四歲，就已經是部門主管了，而且很有發展前途。一到各部門主管開會的時候，他總是先聽，然後才發表自己的意見，既中要害，又顯得謙虛，令人嘆服。

公司裡的老闆對他十分欣賞，對他提出的意見和建議十分重視。可是他對老闆十分恭敬之外，對老闆的得力助手——人事部的副總卻出人意料地親近。逢年過節，必然登門拜訪，且總要拎一點家鄉的土特產。

大家很奇怪，老闆明明是一個很難得的有魄力、知人善任的人，而那副總明明是一個本事不大，心眼卻不少的人，他爲什麼一個勁地對後者好呢？於是有比較好的朋友去問他，他說，副總雖然沒多少業務方面的本事，但他的心眼都用在爲人處世上，他不一定能起什麼好作用，但如果在背後給你起點消極作用，你也吃不消呀。我之所以和他那麼好，就是希望他不要在背後扯我後腿，那就謝天謝地了。那人事的副總對這個小夥子也很好，他經常向這位小夥子通報一些情況。兩個人處得還真不錯。

蘇亮做得很對，很多老闆身邊的「紅人」，雖然沒有決策權，卻十分知情，對老闆有很大的影響力。在工作中，我們固然要認真做好本職工作，同時也要給「紅人」讓道，別讓自己不明不白地倒下。

小萍是公司老總的侄女，可能這位「王公貴族」仗著是老闆的親戚，很受老闆的重用，也可能喜歡炫耀，言語張狂，一副小人得志的模樣。公司的小李、小趙心中對她鄙視不已，渾身不舒服，有一次言語相抵，於是小趙就對小萍不滿，然後出言斥責：「算什麼東西，仗著有點裙帶關係，就了不起了？」小萍懷恨在心，尋了一個小趙的不是，在老闆面前告倒了他。

像小萍這樣利用裙帶關係走進公司的人不勝枚舉，得罪他們的人，就可能被踩下去，在現代職場中這已經不是很稀奇的事。生活中我們已經形成了一種心理定式：那就是什麼人受人尊重，有能力，有學問，有頭腦，有良好的品德，我們跟他比較親近。而如果什麼人專門鬥心眼，一心鑽營，我們往往躲著他們，疏遠他們，結果是自己給自己設置絆腳石，只好不斷地走在艱難的謀職路上。

雖然，不可能每個人都會碰到被「紅人」踩下去的遭遇，但是，聰明人要一次為借鑒，懂得不要得罪老闆身邊的「紅人」，即使你有千般怨言，在口中也必須不吐一語，且要笑臉迎人，才能不會讓這些「紅人」對你有所成見。

面對流言，離得越遠越好

「流言止於智者」，職場中儘量避免成為流言的對象，更不要做流言的幫兇。

流言蜚語，通常是人們在背地裡對他人望風捕影、不負責的議論。有人就難免會有流言的產生，辦公室裡也不例外。想不被流言擊中，首先要做的就是不要介入流言；如果你真的得知了老闆的祕密，千萬不能對任何同事講。如果自己被謠言利刃刺中，一定要保持冷靜，區別對待：與工作有關的謠言，可以在一定的場合裡當眾予以澄清；與個人有關的，最好不予理睬，有些事情解釋是徒勞的，不予理睬是最好的辦法，否則只能是越描越黑。

小西說部門經理長得挺酷，看上去有點像劉德華，在小西與部門經理接觸的兩個小時之後，整個宣傳部都在傳小西暗戀「劉德華」。新經理也聽到了這樣的謠言，於是他將小西叫進了辦公室。

「請坐！」部門經理雖看上去不苟言笑卻很有禮貌。

「我剛進公司，一切對我來說很陌生，不過大家似乎很熱情。」他說到這裡意味深長地看了小西一眼，小西被他弄得有點糊塗。

「我想我有必要自我介紹得再清楚一些。我叫陳東昇，不叫劉德華。」

「陳先生，我……」小西剛想解釋，就被他打斷了。

「第二，」他這次看小西的眼神更加凝重，小西知道下一句一定不是好話。

「我已經有女朋友了，我們感情很好……」接下來他說什麼小西已經聽不下去了。

小西想解釋，卻再次被他沒頭沒腦地打斷：「妳是女孩子，我不想讓妳尷尬，這件事大家就當不知道吧！」

怎麼能當不知道？小西是冤枉的！半小時後，小西回答完畢，剛出他辦公室的門，便看到同事小亞一臉狗仔衝鋒隊的架勢守在門口。

「怎麼樣，你們說什麼？怎麼這麼久？」她臉上的笑容十分詭祕。

想起剛才的尷尬，小西便沒好氣地說：「沒什麼，他只是問了我……」話沒說完，小亞便飛一樣地跑開了，怎麼了，今天所有人都不讓小西講一句完整的話嗎？回到辦公桌前，想到蒙受了不白之冤，真是有氣沒處發洩，完全沒有一點心情再工作了，小西索性趴在桌子上睡覺了。

後來才知道，她的一句「他只是問了我」被同事宣傳成了「他只是吻了我」，一字之差，可差的大了。第二天早上，陳經理被流言壓得喘不過氣，就主動辭職了。到了下午，全公司似乎都知道「劉德華」玩弄了小西的感情後一走了之，對這具有誇張放大效果的辦公室超光速流言，小西除了苦笑，還能做什麼？為此，小西也只得請了一個星期的假期。

小西和經理都很無辜，是被冤枉的，但是沒辦法，辦公室流言有時就是這樣。或許沉默是個不錯的選擇，清者自清。

生活中，與其說「流言」是由人捏造出來的，不如說是由人「信」出來的。信「流言」的壞處是：原本要好的一對反目成仇；原來並沒有什麼關係的人惡語相向。而不聽「流言」的好處就是耳根清淨、心情舒暢。職場中難免會碰到愛搬弄是非、散播流言之人，那麼，你若要保護自己的信譽，有些人搬弄是非的惡習已成爲其性格特點，那麼你就乾脆不理睬他。

有時候，儘管你聽到關於自己的是非後感到憤慨，但是，表面上你必須努力控制自己的情緒，保持頭腦冷靜、清醒。如此，對方就會感到無空子可鑽，也就不會再來糾纏不休了。

雙贏雙利，一山能容二虎

單贏不是贏，只有雙贏雙利才是真正的贏。一個職業人在剛進入職場的時候，就應當力求這樣的結果。

和同事做朋友，已經成了新辦公室同事關係的一種趨勢。現代社會，競爭雖是無處不在，但同事之間十之八九是爲了一個共同目標，更何況現在講的是雙贏。最簡單的，部門的效益上不去，誰也別妄想有升遷機會。

曉麗在競爭記者部主任一職時敗給了競爭對手楊樂，心裡很不是滋味。她擔心自己以後沒有好日子過，就想調離記者部去做專職編輯，可是又不甘心放下記者生涯，正在猶豫不決時，忽然得到一項重要任務：負責一個重大選題的採訪，並被任命爲首席記者。

這就是記者部主任楊樂對待同事兼競爭對手的策略：「如果我不任命她爲首席記者，不委以重任，部門裡就會形成以她和我爲中心的兩個幫派。有了這樣一個對峙的小團體，工作還怎麼繼續？我的目標就是讓我這個部門做得更出色，取得更大的成績，而不是打擊我的對手。只有讓我這個部門的人同心協力，我才能做得更好，才能有更大的發展。所以我儘量對曉麗委以重任，給她一些重大且富有挑戰性的採訪任務，讓她有受到器重的感覺。何況她還是整個部裡最有實力的記者，工作能力很強，又有威望，處理得好，會成爲我最得力的助手。」

果然，曉麗很快就對楊樂心服口服，忠心輔助楊樂，辦公室裡的向心力也大大增強。楊樂因此進入了事業上如魚得水的空間。

辦公室同事間是既合作又競爭的關係，其中，利益是合作最堅實的基礎。有句話叫「無利不起早」，蘊含著深刻的道理。合作是因爲有利可圖，利益共用，雙贏爽利，大家才能和平共處，一起向前。

在職場中，與他人合作或者帶領一個團隊，若不給對方或下屬機會，對方得不

到利益，會有幾個人願意與你合作呢？人要想使合作長久的繼續下去，學會讓對方利益共用。把同事當做阻擋前途的障礙，自己也難以在辦公室立足。對於在辦公室裡跟自己有競爭關係的人，不妨與之合作，如此一來，往往可以神奇般地化解彼此之間的敵意。

競爭再激烈，也不能占別人的功勞

職場中你所能做的、最招致非議且最具風險的行為，莫過於對別人的功勞據為己有。

追求工作成績，希望贏得老闆的好感，早日升遷等問題，使得同事間天然地存在著一種競爭關係。這在一些合資公司，特別是外商公司裡極爲明顯。在競爭激烈的工作環境中，有些人喜歡把別人的功勞占爲己有，到最後只能是既損人又不利己。

黃磷和李欣兩個人在一家公司工作，平時關係相處得很不錯。年終，公司搞推廣企劃比賽，每個人都可以拿方案，優勝者有獎。黃磷覺得這是一個好機會。經過半個月的深入研究，加上平時對市場工作的觀察思考，黃磷很快做出了一個非常出色的企劃案。

提案截止日的最後一天，李欣突然歎了一口氣說：「哎，明明，我還真有點緊張，心裡沒底啊。你幫我看看方案，提提意見。」

黃磷連想都沒想就答應了。李欣的企劃很一般，沒有什麼創意，黃磷看完不好意思說什麼。

李欣用探究的目光盯著黃磷，說：「讓我也看看你的方案吧。」

黃磷心裡一陣懊悔，可是自己剛才看了人家的，現在沒有理由不讓別人看。好在明天就要開大會了，她想改也來不及了。

第二天開會，李欣因爲資歷老，按次序先發言，李欣講述的方案跟黃磷的方案一模一樣，在講解時，她對老闆說：「很遺憾，我現在只能講述自己的口頭方案，電腦染了病毒，檔被毀了，我會儘快整理出書面材料。」

黃磷目瞪口呆，她沒想到李欣搶自己的功勞，她不敢把自己的方案交上去，也不敢申訴，她資歷淺，怕老闆不相信自己。只好傷心地離開了這家公司。李欣的方案獲得老闆的認可，因爲方案不是她自己的，有些細節不清楚，在執行方案時出一點漏洞，又無法及時修正，結果失敗。後來老闆得知這是別人的方案，就無情地炒了她魷魚。

混跡職場好比行走在沼澤地一樣，稍有不慎就會陷入泥坑裡。要知道同事之間的非常複雜，表面上大家一團和氣，內心裡卻可能各打各的算盤。其中，有兩種態度最容易損害同事關係：一是待人刻薄，二是熱衷於算計人，搶別人功勞。同一個單位裡，這樣的人越多，人際關係越複雜。

工作中，搶別人的功勞，不論別人知道與否，搶來總歸不是光榮的。而且，當這種行爲終將被揭穿，做人的信用也將蕩然無存，也會失去別人的尊重。

在工作中，一方面自己最好不要去搶佔別人的功勞，另一方面也要防範別人搶佔你的功勞。不要讓對手或同事們知道太多的有關你的情況，尤其是對於你並不十分瞭解的同事，最好還是有所保留。

「和而不同」，君子不強人意

「和」即為尊重和接納，「不同」則為原則和堅持，職場之中，缺一不可。

《論語・子路》：「君子和而不同，小人同而不和。」

「和」，和諧，調和，指不同性質的各種因素的和諧統一。「同」，相同，同類，同一。君子可以與他周圍的人保持和諧融洽的關係，但他對待任何事情都必須經過自己的獨立思考，從不願人云亦云，盲目附和；小人則沒有自己獨立的見解，只求與別人一致，不講求原則，與別人卻不能保持融洽的關係，這是在處事爲人方面。

唐朝的武則天對於反對她掌權的人進行無情鎮壓，但她又十分重視任用賢才，經常派人到各地去物色人才，只要發現誰有才能，就不計較其門第出身、資格深淺，破格提拔，大膽任用。所以，在她的手下，湧現出一批有才能的大臣。其中最著名的是宰相狄仁傑。

狄仁傑當豫州刺史的時候，辦事公平，執法嚴明，受到當地百姓的稱讚。武則天聽說他有才能，把他調到京城當宰相。

一天，武則天召見他，告訴他說：「聽說你在豫州的時候，名聲很好，但是也有人在我面前揭你的短。你想知道他們是誰嗎？」

狄仁傑說：「別人說我不好，如果確是我的過錯，我應該改正；如果陛下弄清楚不是我的過錯，這是我的幸運。至於誰在背後說我的不是，我並不想知道。」

武則天聽了，覺得狄仁傑器量大，因而更加賞識他。在狄仁傑當宰相之前，有個將軍婁師德，曾經在武則天面前竭力推薦過他，但是狄仁傑並不知道這件事，他認爲婁師德不過是普通武將，有些瞧不起他。

有一次，武則天故意問狄仁傑說：「你看婁師德這人怎麼樣？」

狄仁傑說：「婁師德作爲將軍，小心謹慎守衛邊境，還不錯。至於有什麼才能，我就不知道了。」

武則天說：「你看婁師德是不是能發現人才？」

狄仁傑說：「我跟他一起工作過，沒聽說過他能發現人才。」

武則天微笑著說：「我能發現你，就是婁師德推薦的啊！」

狄仁傑聽了，十分感動，覺得婁師德爲人厚道，自己不如他。

像婁師德這樣的人才算得上真的「和而不同」，他與狄仁傑性格不同，但是並未因此而對他有所看法，而是在承認對立差異的基礎上，把整體利益放在第一位。

「和而不同」是職場人際關係的理想狀態。職場中，人們往往因爲「關係」而混淆是非。如朋友之間，出現了意見分歧，即使這種事關乎道義，很多人也選擇「打哈哈」糊弄過去，只要自己的利益不受損害，他們是不會抹開面子去爲是非爭個臉紅脖子粗的，這其實正是一種對人對己都不負責的態度，如果因此導致別人或團體利益受損，則難免有同流合污之嫌。這是正人君子所不取的。對於意見相左的情況，不應當盲目地人云亦云，也不應將自己的意志強加於人。

合作需要人與人之間的平等，需要人與人之間的尊重。如果一味將自己看做是合作的主導者，將對方看做是「被恩賜者」，那麼勢必會不歡而散。職場中，與同事合作不是支配，而是在雙方平等關係下，爲了同一個目標在共同努力的態勢。「和而不同」，懂得尊重他人，合作才能共贏。

戰爭的至高境界是和平，競爭的至高境界是合作。二戰期間一次驚心動魄的「大逃亡」，可謂是合作的完美典範，此次活動任務之艱巨、涉及範圍之廣，令人難以想像。

在德國柏林東南部有一座德國戰俘營。爲了逃脫納粹的魔爪，兩百五十多名戰俘準備越獄。在納粹的嚴密控制之下，實施越獄計畫，要求戰俘們進行最大限度的合作，才能確保成功。爲此，他們明確地進行了分工。

這是一件非常複雜的事，首先要挖地道，而挖地道和隱藏地道則極爲困難。戰俘們一起設計地道，動工挖土，拆下床板木條支撐地道。處理新鮮泥土的方式更令人驚歎，他們用自製的風箱給地道通風吹乾泥土。修建了在坑道運土的軌道，製作了手推車，在狹窄的坑道裡鋪上了照明電線。所需的工具和材料之多令人難以置信，三千張床板、一千兩百五十根木條、兩千一百個籃子、七十一張長桌子、三千一百八十把刀、六十把鐵鍬、七百公尺繩子、兩千公尺電線，還有許多其他的東西。爲了尋找和弄到這些東西，他們費盡了心思。此外，每個人還需要普通的衣服、納粹通行證和身份證，以及地圖、指南針和食品等一切可以用得上的東西。擔任此項任務的戰俘不斷弄來任何可能有用的東西，其他人則有步驟、堅持不懈地賄賂甚至訛詐看守以得到東西。

每個人都有各自的分工。做裁縫、做鐵匠、當扒手、偽造證件，他們日復一日的祕密工作，甚至組織了一些掩護隊，以吸引德國哨兵的注意力。此外，他們還要負責「安全問題」，德國人雇用了許多祕密看守，混入戰俘營，專門防止越獄，「安全」隊監視每個祕密看守，一有看守接近，就悄悄地發信號給其他戰俘、崗哨和工程隊隊員。

這一切工作，由於眾人的密切合作，在一年多的時間內竟然躲過了納粹的嚴密監視，他們成功地完成了這一切。

獨木難成林，眾人划槳開大船，一個人的能力再大，也不可能完成越獄的大工程。個人的力量是有限的，所以，我們要善於合作，單打獨鬥，剛愎自用的人前途將會暗淡無光。

CHAPTER 04

俘虜上司的晉升心理學

順著老闆，恭敬不如從命

下級服從上級，是上下級展開工作，保持正常工作關係的首要條件，是融洽相處的一種默契，也是老闆觀察和評價自己下屬的一個尺度。

服從是一種美德，一名稱職的員工必須以服從爲第一要義，沒有服從觀念，就不可能把自己的工作做好。每一位員工都必須服從上司的安排，就如同每一個軍人都必須服從上司的指揮一樣。大到一個國家、軍隊，小到一個企業、部門，其成敗很大程度上就取決於是否完美地貫徹了服從的觀念。

《三國演義》裡，劉備領兵攻打東吳，遭到「火燒連營七百里」的慘敗。這一軍事行動的決定是劉備嚴重的決策失誤，當時身爲最高幕僚長的諸葛亮對他的這一決定極不贊成，曾力勸危險，希望劉備取消這一出兵的行動，可是劉備卻認爲他有非出兵伐吳的理由。本來他對這位軍師一向都言聽計從的，這次卻堅持自己的決定，諸葛亮一看改變不了「老闆」的決定，只好調兵遣將，預先作周詳的安排，希望這次出兵不出現大的損失。劉備大敗後，諸葛亮趕到白帝城見到劉備，只說這是「天意」。

諸葛亮並沒有因爲劉備不聽他的規勸，就大鬧情緒、袖手旁觀，劉備兵敗之後，他也沒有絲毫幸災樂禍之心。這種態度和做法，値得下屬好好去體會一番。古語云「恭敬不如從命」，對老闆需要謙恭禮讓，但是一味的謙恭禮讓不如遵其所命，對老闆而言，服從是第一位的。當然，上司的決策也有錯誤的時候，但是，作爲一名下屬你也應該遵從執行。你既不能事先加以肯定或指責，也不要事後加以抱怨或輕視他的決定，更不能不去執行他的命令。

「糟了，糟了！」通用公司採購部的經理理查放下電話，就叫嚷了起來：「那家便宜的東西，根本不合規格，還是邁克爾的貨好。」

他狠狠地捶了一下桌子：「可是，我怎麼那麼糊塗，還發 E-mail 把邁克爾臭罵一頓，還罵他是騙子，這下麻煩了！」

「是啊！」祕書珍妮小姐轉身站起來說，「我那時候不是說嗎，要您先冷靜冷靜，再寫信，您不聽啊！」

理查說：「都怪我在氣頭上，以爲邁克爾一定騙了我，要不然別人怎麼那麼便宜。」

理查來回踱著步子，突然指了指電話說：「把邁克爾的電話告訴我，我打過去向他道個歉！」

珍妮一笑，走到理查桌前說：「不用了，經理。告訴您，那封信我根本沒發。」

「沒發？」理查驚奇地停下腳步，問道。

「對！」珍妮笑吟吟地說。

理查坐了下來，如釋重負，停了半天，又突然抬頭問：「可是，我當時不是叫妳立刻發出的嗎？」

「是啊，但我猜到您會後悔，所以就壓了下來！」珍妮轉過身，歪著頭笑笑。

「壓了三個禮拜？」

「對！您沒想到吧？」

「我是沒想到。」

理查低下頭去，翻記事本：「可是，我叫妳發，妳怎麼能壓？那麼最近發南美的那幾封信，妳也壓了？」

「那倒沒壓。」珍妮的臉更亮麗了，「我知道什麼該發，什麼不該發！」

「是妳做主，還是我做主？」沒想到理查居然站了起來，沉聲問道。

珍妮呆住了，眼眶一下濕了，顫抖著問道：「我，我做錯了嗎？」

「妳做錯了！」理查德斬釘截鐵地說。

珍妮被記了一個小過，但沒有公開，除了理查，公司裡沒有任何人知道。真是好心沒好報！一肚子委屈的珍妮，再也不願意伺候這位是非不分的上司了。她跑到總經理的辦公室訴苦，希望調到總經理的部門。

「不急，不急！」總經理笑笑，「我會處理」。

隔兩天，是做了處理，珍妮一大早就接到一份解雇通知。

在一些公司裡，像珍妮這樣紀律觀念不強、服從意識差的人，只是自作聰明而已。一個團隊，如果下屬不能無條件地服從上司的命令，那麼在達到共同目標時，就可能產生障礙。巴頓將軍在他的戰爭回憶錄《我所知道的戰爭》中曾寫道這樣一個細節。

「我要提拔人時常常把所有的候選人排到一起，給他們提一個我想要他們解決的問題。我說，『夥計們，我要在倉庫後面挖一條戰壕，八英尺長，三英尺寬，六英寸深。』我就告訴他們那麼多。我有一個有窗戶或有大節孔的倉庫。候選人正在檢查工具時，我走進倉庫，透過窗戶或節孔觀察他們。我看到夥計們把鍬和鎬都放到倉庫後面的地上。他們休息幾分鐘後開始討論著我爲什麼要他們挖這麼淺的戰壕。他們有的說六英寸深還不夠當火炮掩體。其他人爭論說，這樣的戰壕太熱或太冷。如果夥計們是軍官，他們會抱怨他們不該做挖戰壕這麼普通的體力勞動。最後，有個夥計對別人下使命：『讓我們把戰壕挖好後離開這裡吧。那個老東西想用戰壕幹什麼都沒關係。』」

最後，巴頓寫道：「那個夥計得到了提拔。我必須挑選不找任何藉口地完成任務的人。」

毫無疑問，無條件服從命令的人具有最優秀的執行力。

在面對老闆的命令時要明確一點，服從是無需任何條件的，只要是必須做的事情，就要堅決的執行。在很多員工的理念中，服從就是「對的就服從，不對的就不服從」。其實服從是無條件的，凡是老闆的指令，作為員工第一時間就應該按指令去行動。你不能以你使用的判斷標準作為最終標準，而應以上司的判斷為判斷標準。

官高一級，你就得尊重他

學會尊重上司，才能得到上司的尊重。

南齊的王僧虔楷書造詣極深，許多官宦人家都以懸掛他的墨寶為榮，一時之間，流傳著一種說法：王僧虔楷書不輸王羲之，乃當今天下第一。當朝皇帝齊太祖蕭道成素來愛好書法，對僧虔的盛名一向很不服氣，於是下旨傳僧虔入宮「比試」。在大臣、隨從的簇擁下，君臣二人屏息凝氣，飽蘸濃墨，各自揮毫寫下一幅楷書。

擱筆之際，齊太祖頭一揚，雙目緊盯住僧虔，問道：「你說我們兩人，誰第一，誰第二？」

僧虔額頭冒出了冷汗，皇帝的書法雖有一定功力，但畢竟稱不上爐火純青。可是這位自負的皇帝又怎會甘心位居人後？昧著良心說謊，承認皇上技高一籌，固然不會得罪人，但這樣的事僧虔根本不屑去做。

僧虔沉吟片刻，突然朗聲長笑：「臣心中已有分曉。臣的書法，大臣中排名第一；而皇上的書法，絕對是皇帝中的第一！」

齊太祖聞聽此話，先是一怔，繼而很快理解了僧虔的良苦用心，他爲皇帝留足了面子，同時又不失自己的氣節。齊太祖不由得哈哈大笑，僧虔也鬆了口氣。

僧虔對自己「老闆」的態度可謂是不卑不亢，雖然老闆在某些方面不如自己，但是官高一級，僧虔就得尊重他，不能落了老闆的面子，同時在尊重的同時，又不能把話說得過於虛僞，否則就會造成反效果，讓老闆心裡不舒服。僧虔的這種尊重態度恰能贏得上司好感。

尊重你的老闆，就能夠增進你與上司之間的感情，化解矛盾衝突，美化自己在其心中的形象。出於對齊太祖足夠的尊重，僧虔才會在眾目睽睽之下保全天子的威風，而不是傲慢地指出皇帝不如自己。如果你覺得老闆無能，說明你和他的緣分即將到頭。

職場中，總會有人覺得老闆不如自己，甚至覺得老闆一無是處。這樣的人大概有以下兩種情況：

第一種自恃過高型。自認爲自己是IQ博士，別人統統都是阿斗，剛出校門的毛頭小子中不乏這類人。其實，山外有山，天外有天，客觀一點說，IQ再高，也是上班族一名；老闆再低能，也掌握著你的生殺大權。

第二種是滿腹怨氣型。因爲老闆未重用自己，覺得老闆是有眼不識泰山。平心而論，不善用人才的老闆絕對不具備現代企業家的素質，但老闆不用你，是否就是想逼你走，或對你不滿意？要你稍爲醒悟一點，一定會儘早發現老闆的用意而不至於將自己陷入茫然無措、滿心怨氣的境地了。

在人屋簷下，哪敢不低頭？如果你屬於第一種情況，那就應該好好自我檢討一番，並在實際工作中加以改正；如你認爲已無可能與老闆對話，那就不如識趣點，自己提出辭職，但到了新單位一定要學會夾著尾巴做人，不可再重蹈覆轍了。如果屬於第二種情況，說明你有一定的政績和工作資歷，而你可充分利用這一點要求老闆給你一些時間考慮一下去留問題。這雖是一個緩兵之計，但老闆一般會答應，因爲這事畢竟他理虧，會有一種負疚心理。而你可利用這段時間和你在行內圈內的一些朋友聯繫，相信一定會找到一份理想的工作的。

缺乏對上司最起碼的尊重，都會使你與上司的關係嚴重惡化，何況，不尊重他人本身就是缺乏修養的表現，更會導致同事的輕蔑和不滿，這樣的人在一個集體中是不會受到歡迎的。

越權建議，多多留神

有時候一些看起來無意的越俎代庖的建議，卻會為自己的職業發展造成極大的障礙。

常言道：「端別人的飯碗，就得受別人的管。」員工自老闆那裡領取薪水，員工就得尊重老闆的權威性，這都是最正常不過的事情。反之，這個員工就和老闆之間無緣可續了。有這樣一則故事說明的就是這個道理。

小郭分配到了一家貿易公司。他能力很強，也很上進，工作十分努力，但一直做了幾年，他還是沒有得到提升的機會，當時與他一起進公司的人有的都做了主管，可是他還是一個最底層的員工。其實，同事們都知曉其中的原因，只是他老是想不清楚，私底下總愛抱怨這個公司埋沒了他這個人才，這個公司沒什麼前途等。

有一次，他的主管正和公司老闆一起檢查工作，當走到他的辦公室時，他覺得機會到了，來個「越級上訪」，說不定會有意想不到的收穫呢！

於是他突然站起來，對自己的主管說：「主管，我想提個意見，我發現我們部門的管理比較混亂，有時連一些客戶的訂單都找不到。」

當時主管的臉像鐵鍋底一樣黑，但又沒說什麼，就陪著經理走了。

小郭之所以被辭退，根本原因便在於他沒能看透老闆的心思，沒有看透老闆畢竟是老闆，員工畢竟是員工的問題，老闆與員工之間的壁壘雖然並非堅不可摧，卻是確實存在的事實。職場中，老闆和部屬之間存在身份和地位的等級之分，界線的分明是不容逾越的。有些主管自尊心特別強，或者本身不自信，這樣的主管不喜歡擅自做主的下屬。下級要區分哪些事情是應該請示主管的，哪些是不請示就可以自己去做的，否則會爲自己造成極大的職業障礙。

公司因爲沒有安裝空調，每當夏季酷熱難當時，待在辦公室裡不一會就會汗流浹背，又悶又熱。於是，一位富正義感的新進職員寫了封信給總經理，希望公司能添購冷氣設備，但因爲不瞭解老總的脾氣如何，便沒有署名。

幾天過後，總經理就爲每個辦公室安裝空調，同事們對總經理的善解人意十分感謝，該職員在心中更是竊喜自己遇上一個肯聽諫言的好老闆。幾天後，該職員再次匿名上書給總經理，反映公司的洗手間應該檢修更換，特別是水管太陳舊，也應該換新的。

總經理接到信後，心裡暗自想著：「這個傢伙到底是誰？三番兩次投書，牢騷那麼多，要是聚眾鬧事，那還了得。看來此人不除，終是禍端！」

於是，總經理暗自調查職員的筆跡，想找出寫信者，同時也積極整修了洗手間，更換了水管。

部屬們暗自議論：「總經理怎麼突然發起善心來了，以前是一毛不拔、嚴格又吝嗇得要命的鐵公雞，而現在怎麼這麼大手筆，到底發生了什麼事？」

總經理的心腹將員工們的議論傳到他的耳裡，他覺得這些善舉籠絡了人心，匿名者的功勞不少，就淡化了炒他魷魚的念頭。偏偏就在此時，匿名寫信的職員以爲老闆真的是能廣納意見的好老闆，在一次閒聊時道出事情原委。不幸的是，就在他向同事們誇耀自己的功勞時，恰巧被總經理聽見，雖然他決定不動聲色，心裡卻恨得牙癢癢的，一度淡化的懲處之心又強烈了起來。

於是，總經理召集員工們開一次會議，要求大家對公司和他本人提出意見。該職員不知是計，便侃侃而談，將平日裡同事們的意見如：獎金太少、加班時間太長、老闆太過專制等當眾提了出來。這位職員本以爲老闆這次要對他「加官晉爵」，殊不知，老闆意在殺雞儆猴，這位職員獲得的當然是一張辭退通知書。

那位職員之所以被開除，就是因爲他越俎代庖，提了太多與自身工作無關的建議，使得老闆煩不勝煩，辭退了他。老闆有很多種，遇上明智的老闆，你的建議被採納了也就罷了，要是遇上度量小的老闆，越權建議，可要多多留神些。你的主管比你的優勢更多，無論他使出哪一招，都能讓你這個當下屬的招架不住，坐立難安。如果你想越級打小報告，除非你證據明顯，而且主管錯誤嚴重，否則也不會有太大的效果。因爲他畢竟是你的老闆提升上去的。若是你像上面故事中的職員一樣，直接給總經理挑公司的刺，只能讓你離職更快。

平常我們要分清哪些事情是主管要親自決定的，哪些是可以自己放手去做的。下級和主管所認同的重要事情並不完全相同，你要在日常工作中注意觀察，多累積經驗，瞭解不同上司的脾氣。分清楚什麼是重要的或者不重要的。

其次，注意流程。分派任務的是誰，就應當讓誰負責。上下級之間的工作程式應該嚴格執行。再次，主管有明確回答時，當做主時就做主；沒有交代的事情不要瞎做主。寧可放著，也不動。

主管對於你的職場命運都有著很重要的作用。把握好和主管之間的距離，掌握好職權之內的事，不越權才能得到主管的青睞。

忠於老闆，就是為自己爭取利益

忠誠是職場中最有價值的投資。

作爲公司的一名員工，應時刻記住自己的角色是爲公司爭取利益，而不是爲自己爭利益。當公司與你個人利益發生衝突時，千萬不要爲個人私利，而將公司的利益置之度外，因爲背叛老闆等於背叛自己，忠於老闆，才是爲自己爭取利益。

有一個叫羅格的技術開發員，很意外地被要求停職。之前，他一直都拿著較低的薪水，沒有什麼積蓄，一家人的生活陷入了困境。

在他剛失業的幾天裡，他一連接到三個奇怪電話。

電話裡的人自稱是他原來上班的那家公司的競爭對手，他希望羅格爲他提供一些羅格原公司的機密。作爲回報，他可以給羅格一份工作，或者給羅格十萬美元。第二次將報酬提高到二十萬美元，第三次提高到五十萬美元。

羅格為了自己的原則，為了對公司負責，寧願正在四處告貸，以維持家庭開支。也不願意接受電話裡的要求。

然而，一個星期後，羅格很意外地被通知去上班，老闆把代表公司最高榮譽的獎章——忠誠獎章發給了他，同時，老闆還給他一份聘書，聘任他為公司技術開發部經理。

原來，那三個電話，都是老闆安排人打的，根本不存在什麼競爭對手。那不過是幹部聘任前的一項考察而已。

當你在種種誘惑面前，如果你能抵擋住金錢與名利的誘惑，那麼，你的前程很可能會光明起來。羅格之所以被升職，正因為他選擇了忠誠而非背叛。無論何時，忠於公司，忠於老闆，別人才能給予我們更多的重視和青睞。

彼得是一家網路公司技術總監。由於公司改變發展方向，他覺得這家公司不再適合自己，決定換一份工作。以彼得的資歷和在這個行業的影響，還有原公司的實力，找份工作並不是件困難的事情。有很多家企業早就盯上他了，以前曾試圖挖走彼得，都沒成功。這一次，彼得自己想離開。很多公司都提出了令人心動的條件，但是在優厚條件的背後總是隱藏著一些東西。彼得知道這是爲什麼，但是他不能因爲優厚的條件就背棄自己一貫的原則。彼得拒絕了很多家公司對他的邀請。

最終，他決定到一家大型的企業去應徵技術總監，這家企業在全美乃至世界都有相當的影響，很多網路業人士都希望能到這家公司來工作。對彼得進行面試的是該企業的人力資源部主管和負責技術方面工作的副總裁。對彼得的專業能力他們並無挑剔，但是他們提到了一個使彼得很失望的問題。

「我們很歡迎你到我們公司來工作，你的能力和資歷都非常不錯。我聽說你以前所在公司正在著手開發一個新的適用於大型企業的財務應用軟體，據說你提了很多非常有價值的建議，我們公司也在策劃這方面的工作，能否透露一些你原來公司的情況，你知道這對我們很重要，而且這也是我們看中你的一個原因。請原諒我說得這麼直白。」副總裁說。

「你們問我的這個問題很令我失望，看來市場競爭的確需要一些非正常的手段。不過，我也要令你們失望了。對不起，我有義務忠誠於我的企業，即使我已經離開，到任何時候我都必須這麼做。與獲得一份工作相比，信守忠誠對我而言更重要。」彼得說完就走了。

彼得的朋友都替他惋惜，因爲能到這家企業工作是很多人的夢想。但彼得並沒有因此而覺得可惜，他爲自己所做的一切感到坦然。沒過幾天，彼得收到了來自這家公司的一封信。

信上寫著：「你被錄用了，不僅僅因爲你的專業能力，還有你的忠誠。」

一位成功的企業家曾經說過：「當你周圍的人們透過種種欺詐手段和不忠行爲而暴富起來的時候，當其他的人搖尾乞憐、一心向上爬的時候，你要保持自己的尊嚴和清白，不要同流合污。當有的人靠阿諛奉承換來一個又一個『成就』的時候，你要善於保持內心的寧靜，不要因他人的這些成就而痛苦。當你見到有些人爲了名利像狗一樣爬行的時候，你要能頂住世俗的壓力，敢於特立獨行，出淤泥而不染，要修煉成品德高尚的人。那些品德高尚的人會憑藉自己的忠誠的責任心去制勝，具有忠誠原則的人爲了不失職，即使犧牲自身的利益也在所不惜。」

如果你為一個人工作，那就盡心地工作，支援你的工作所代表的機構，不能三心二意，也不能陽奉陰違，要麼就是乾脆不幹。忠誠於你的老闆，高明的人控制著自己的情感，你就是在為自己爭取更大的利益。

老闆成功，你才能成功

如果想要獲得成功和老闆的賞識，搶奪老闆的風頭或許是最嚴重的錯誤。

公司是員工生存和發展的平臺，是每個人——無論是老闆，還是員工——履行職責、發揮作用、實現自身價値的舞臺。舞臺寬闊了，個人的才華方能得到充分的施展。因此，不妨說，要想自己獲得成功，先幫老闆獲得成功。

三國時的許攸，本來是袁紹的部下，雖說是一名武將，卻足智多謀。官渡之戰時，他爲袁紹出謀劃策，可是袁紹不聽，他一怒之下投奔了曹操。

曹操聽說他來，沒顧得上穿鞋，光著腳便出門迎接，鼓掌大笑道：「足下遠來，我的大事成了！」

可見此時曹操對他很看重。

後來，在擊敗袁紹、佔據冀州的戰鬥中，許攸又立了大功，他自恃有功，在曹操面前便開始不檢點起來。

有時，他當著眾人的面直呼曹操的小名，說道：「阿瞞，要是沒有我，你是得不到冀州的！」

曹操在人前不好發作，只好強笑著說：「是，是，你說得沒錯。」但心中已十分嫉恨，許攸並沒有察覺，還是那麼信口開河。

有一次，許攸隨曹操進了鄴城東門，他對身邊的人自誇道：「曹家要不是因爲我，是不能從這個城門進進出出的！」

曹操終於忍耐不住，殺掉了他。

做人要低調，不能奪了上司的「光芒」，像許攸這樣，搶走了曹操的風頭，曹操豈能容他？許攸的自以爲是，最終害死了自己。

在職場中，不管你才高幾斗，不管你有多大功勞，要學會在老闆面前低頭，將功勞讓給上司，這樣才能受益無窮。要知道，員工個人的成功是建立在團隊成功的基礎上的，沒有企業的快速增長和高額利潤，員工也不可能獲取豐厚的薪酬。企業的成功不僅意味著老闆的成功，也意味著員工的成功。也就是說，你必須認識到，只有老闆成功了，你才能夠成功。老闆和員工的關係就是「一榮俱榮，一損俱損」，認識到這一點，主動做事，幫老闆獲取成功，你才能拿在工作中贏得老闆的青睞。

戰國時期，一次秦國攻打趙國，把趙國的都城邯鄲圍困起來。在這危急關頭，趙王決定派自己的弟弟平原君趙勝，代替自己到楚國去，請求楚國出兵抗秦，並結成盟約聯合抗秦。

到了楚國，平原君獻上禮物，和楚王商談了一天抗秦之事，楚王還是猶豫不決。這時，站在台下的毛遂手按劍柄，快步登上會談的大殿。

楚王喝令他退下去，毛遂不但不害怕，反而勇敢地走近楚王，大聲說：「你們楚國是個大國，理應稱霸天下，可是在秦軍面前，你們竟膽小如鼠。想從前，秦軍的兵馬曾攻佔你們的都城，並且燒掉了你們的祖墳。這奇恥大辱，連我們趙國人都感到羞恥，難道大王您忘了嗎？再說，楚國和趙國聯合抗秦，也不只是爲了趙國。我們趙國滅亡了，楚國還能長久嗎？」

毛遂這一番話義正詞嚴，使楚王點頭稱是，於是就簽訂了聯合抗秦的盟約，並出兵解救了趙國。平原君回到趙國後，把毛遂尊爲賓客，並且重用他。

聰明優秀的員工就像毛遂一樣，與老闆保持一致，並善於爲老闆排憂解難。一個經常爲老闆解決問題的人，當然能得到老闆的青睞。首先，他沒有讓問題延誤，釀成大患；其次，他讓老闆非常省心省力，老闆因此可以把精力集中到更重大的工作上。有了這樣的員工，老闆就少了很多後顧之憂。爲公司多做一點，幫老闆獲得成功，你的老闆才會關注你、信賴你、需要你，因而給你更多的機會。

己不如人是一件令人惱恨的事情，一旦超過老闆，就可能引起他對你的怨恨，這是十分不利的事。每個人都有不安全感，當你在世人面前展現自己，顯露才華時常常會激起各式各樣的怨恨和嫉妒。因此，對於那些居你之上的人，更應該採取不同的對應方式。

甘做綠葉，讓上司高你一籌

適當地把自己安置得低一點兒，就等於把別人抬高了許多。讓上司發揮他的高明之處，才是下屬的最高境界。

適當的時候讓上司高你一籌，勝過你完成艱難的任務。甘做綠葉，讓上司高你一籌處，一定可以打動上司的心。

在職場，經常會遇到不善舞文弄墨，或者事務繁重的上司，這時身為下屬就應該甘做上司的左右手，發揮「槍手」的特長。稿件完成後，先讓上司過目，並給上司一個可以發揮的機會。否則，你把事情處理得過於圓滿而讓人挑不出一點毛病的話，那就顯示不出上司比你高明的地方，你的上司就會感到有「功高蓋主」的危險。

身為下屬的只要不露形跡，默默耕耘，使自己扮演成幕後功臣，並安於這樣的犧牲，是對上司強而有力的奉承，上司也不會忘記你的付出。上司交辦一件事，你辦得無可挑剔，似乎顯得比上司還高明，你的上司可能就會感到自身的地位岌岌可危。

財政大臣富凱爲了博得路易十四的歡心，決定策劃一場前所未有的最壯觀的宴會他邀請了當時歐洲最顯赫的貴族和最偉大的學者。著名劇作家莫里哀還爲這次盛會寫了一部劇本，在晚宴時粉墨登場。宴會非常奢華，有許多人從未嘗過的東方食物及其他創新食品。庭園和噴泉以及煙火和莫里哀的戲劇表演都讓嘉賓們興奮不已。他們都認爲這是自己參加過的最令人讚歎不已的宴會。

然而出人意料的是，第二天一早，國王就逮捕了富凱。三個月後富凱被控竊占國家財富罪並進了監牢，他在單人囚房裡度過了人生最後的二十年。路易十四傲慢自負，號稱「太陽王」，希望自己永遠是眾人注目的焦點，他怎能容許財政大臣搶佔自己的風頭呢？富凱本以爲國王觀看了他精心安排的表演會感動於他的忠誠與奉獻，還能讓國王明白他的高雅品味和受人民歡迎的程度，對他產生好感，因而會重用他。然而事與願違，每一個新穎壯觀的場面，每一位賓客給予的讚賞和微笑，都讓路易十四感覺富凱的魅力超過了自己，身爲國王卻不能讓朋友和子民爲自己的風度和創意更加心悅誠服是一件很危險的事。

正如著名作家伏爾泰描述的那樣：「當夜幕開啓，富凱攀上了世界的頂峰；等到夜晚結束，他跌落了谷底。」爲什麼呢？因爲富凱讓路易十四感到了威脅，有「太陽王」之稱的路易十四怎麼會讓別人奪去他的光環呢？

對於上司交辦的事，你三兩下就處理完畢，你的上司會首先對你旺盛的精力感到吃驚，效率高嘛。而因爲快，你雖然完成了任務但不一定完美，這時上司會指點一二，因而顯示他到底高你一籌。你完成工作，他贏得高興，何樂而不爲呢？

一般來說，偉大的人都喜歡有點愚鈍的人，任何上司都有獲得威信的需要，不希望下屬在能力上超過並取代自己。

老闆決定你的角色屬性

必須記住，職場中，老闆決定你的屬性，不要做一個拒絕管理、恃才傲物的愚蠢下屬。

所謂答布效應就是說人們的行爲必須要服從於一定的法則、一定的角色規範。人們生活在一個大社會中，每個人都有滿足自我需要的過程，因此，爲了滿足自我需要，我們必須要按照角色來導演自己的行爲。

我們知道，每一個人都不是單純的個體，而是一個個活生生的社會人。在社會的大舞臺上，每個人都扮演著一定的角色。那麼，那我們的「導演」又是誰呢？

比方說，在家裡，你扮演著父親的角色，那你就應當懂得作爲家長角色的一些要求，表現出引導自己發展的良好角色行爲。假如你是一位教師，那麼，你在各方面就應當符合爲人師表的角色規範。而同樣，在公司裡，你扮演著員工的角色，那麼你的老闆就是你的導演。既然你扮演了員工這個角色，那麼你就應該聽從導演的安排，讓自己的行爲符合「導演」的要求，只有這樣，我們的工作才能有序進行，我們也才能更好地在公司立足。

答布效應解釋道：每個人都有自己的生存需要，爲了滿足自己的需求，我們就得按照「導演」的要求來詮釋自己的角色。因爲，你只有讓導演滿意了，你的角色才能過關，而你自己才能更好地生存。

所謂「一朝天子一朝臣」、「識時務者爲俊傑」，這突出了答布效應的一個方面。也就是說，我們要安全地生存下去，就要根據形勢，適時轉換自己的角色，讓自己做一條「變色龍」。

漢惠帝六年，相國曹參去世。陳平升任左丞相，安國侯王陵做了右丞相，位在陳平之上。

王陵、陳平並相的第二年，漢惠帝死，太子劉恭即位。少帝劉恭還是個嬰兒，不能處理政事，呂太后名正言順地替他臨朝，主持朝政。

呂太后爲了鞏固自己的統治，打算封自己娘家侄兒爲諸侯王，首先徵詢右丞相王陵的意見。

王陵性情耿直，直截了當地說：「高帝（劉邦的廟號）在世時，殺白馬和大臣們立下盟約，非劉氏而王，天下共擊之。現在立姓呂的人爲王，違背高帝的盟約。」

呂后聽了很不高興，轉而詢問左丞相陳平的看法。

陳平說：「高帝平定天下，分封劉姓子弟爲王，現在太后臨朝，分封呂姓子弟爲王也沒什麼不可以。」

呂后點了點頭，十分高興。

散朝以後，王陵責備陳平爲奉承太后愧對高帝。聽了王陵的責備，陳平一點兒也沒生氣，而是真誠地勸了王陵一番。

陳平看得很清楚，在當時的情況下，根本不可能阻止呂后封諸呂爲王，只有保住自己的官職，才能和諸呂進行長期的鬥爭。因此，眼前不宜觸怒呂后，暫且迎合她，以後再伺機而動，方爲上策。

事實證明，陳平採取的策略是高明的。呂后恨直言進諫的王陵不順從她的旨意，假意提拔王陵做少帝的老師，實際上奪去了他的相權。

王陵被罷相之後，呂后提升陳平爲右丞相，同時任命自己的親信辟陽侯審食其爲左丞相。陳平知道，呂后狡詐陰毒，生性多疑，棟樑幹臣如果鋒芒畢露，就會因爲震主之威而遭到疑忌，導致不測之禍，必須韜光養晦，使呂后放鬆對自己的警覺，才能保住自己的地位。

呂后的妹妹呂須恨陳平當初替劉邦謀劃擒拿她的丈夫樊噲，多次在呂后面前進讒言：「陳平做丞相不理政事，每天老是喝酒，和歸女遊樂。」

呂后聽人報告陳平的行爲，喜在心頭，認爲陳平貪圖享受，不過是個酒色之徒。一次，她竟然當著呂須的面，和陳平套交情說：「俗話說，婦女和小孩子的話，萬萬不可聽信。你和我是什麼關係，用不著怕呂須的讒言。」

陳平將計就計，假意順從呂后。呂后封諸呂爲王，陳平無不從命。他費盡心機固守相位，暗中保護劉氏子弟，等待時機恢復劉氏政權。

西元前一八〇年，呂后一死，陳平就和太尉周勃合謀，誅滅呂氏家族，擁立代王爲孝文皇帝，恢復了劉氏天下。

一個人，不管是在職場，還是官場，最重要的是清楚一點：你有頂頭上司，你的行爲就要符合他給你定下的要求，畢竟整個公司他最大，如果你不根據上司的角色適時調整自己，那麼，你的結局就會和王陵一樣，被上司排除。

同樣，在職場上，你選擇了工作，就選擇了被要求。這個世界上，沒有一份工作是白拿薪水而不被要求的。就像上面故事中的陳平，既然呂后是「主」，你要「拿薪水」，你要生存，你就需要按照呂后的要求來辦事。

在工作中，我們的角色和行為必須要跟著老闆的改變而改變，只有這樣，我們才能保證自己「吃飽飯」。

徒弟上位，學會服軟

為了避免新上司的冷凍大法，老員工千萬不要倚老賣老，而應低調一點，多站在老闆的立場上考慮，適時服軟。

在人事的升遷中，存在著這樣一種情況：在某同事升遷之前，你們是平級甚至他是你的徒弟；可是有一天他升遷了，更重要的是他的資歷還沒有你深。遇上這種情況，你會怎麼做？服軟還是不服軟？我們且來看一個例子。

振國是公司裡的老員工，工作兢兢業業，爲人和善，人際關係良好，但最近他遇到了麻煩：徒弟變成了上司，這讓他很不適應。

「七年了，我到這裡七年了。人們常說七年之癢，我估計自己是癢起來了。我這個人，對當官不感興趣，所以當別人爲升職削尖了腦袋往前鑽的時候我不動心，當別人因爲沒有應聘上得意的職位而感歎時我也沒感覺。

「我一直以來就享受著作爲一名業務人員的愉悅，與世無爭，認真工作，與上司、同事都保持平等而互相尊重的關係，我很知足，也很滿意。可是前一段時間，段子瑞當上了我的頂頭上司，這一切就改變了。他進公司還不到兩年。剛進公司那時還是我不斷地教他的呢，在業務上我算得上是他的師父。本來誰當上司我都無所謂。可是那個段子瑞不是個省油的燈啊，自從當上了部門經理，就以主管自居了，一副了不起的樣子。經常以命令的口吻指揮這個指揮那個，對老員工更是非常不尊重。我實在看不過去，就跟他說了兩次，有一次還差點吵起來。

「前一段時間，我的工作出了點小錯誤，他竟然在開會的時候點名批評我，完全不留一點情面，弄得我相當尷尬。我知道他不過是借題發揮，表明他是主管，我要百分之百地服從和尊重他。我真的快受不了了！」

在公司裡，人事任免往往會帶來一些矛盾和情緒上的波動，振國就是因爲曾經被自己指導過的「徒弟」當上上司以後，對自己比手畫腳而深受困擾。公司裡的老員工，勞苦功高，往往也需要更多的情感撫慰，一旦被曾經不如自己的小員工指揮著，心理就容易失衡。然而作爲新上司，好不容易能揚眉吐氣，手中握有一定的權力，自然希望下屬都能服服帖帖，尊重他的意見，認同他的權威。這是矛盾的兩個方面，每一方從自己的利益、立場出發，都希望對方尊重自己。

這樣的問題在外商公司還不是太明顯，因爲在那裡能力凌駕一切，年齡並不是升遷的重點，年紀大而未獲升遷的人，反而會變得謙虛。但是在傳統或本土企業裡，講究職場倫理與年資，倚老賣老的情形比較明顯，年輕上司與年老下屬之間的矛盾也更突出。而且按照中國人傳統的行事方式，如果下屬很年輕，公然批評年老的下屬，老員工在面子上會掛不住，其他的人會認爲這個上司不近人情，處理問題不講究方法。這樣使得年輕的上司總是被老員工牽制，最終導致能力無法施展。

實際上，新上司一般不敢貿然與老員工公開對抗，畢竟有失身份和形象，而且一旦公然對抗，自己的勝算也不會很大。於是，利用職權之便在工作上讓老員工難受便成了一些新上司常用的手法。如果對方不是那麼桀驁不馴，那麼他會用一些方式提醒對方：「該收斂一點了，你要知道我是頭兒。」如果對方是塊難啃的骨頭，根本不把他當回事，他會下手比較狠，表明：現在是我當家，你最好聽我的。如果你不能忍受就走人好了，我不會挽留你的。

即使在你看來你什麼都比他強：經驗比他豐富，業務素質比他高，看問題比他深入，眼光更獨到……也切忌心高氣傲。你尊重他，他會加倍地尊重你；相反，如果你忽視他，永遠不拿正眼瞧他，那麼他不能忍受的時候，也就是你被冷凍的時候。

抓住上司的個性

每一個上司都有自己的個性，就像每一個公司有自己的文化一樣沒法改變。學會如何適應上司的個性，對症下藥，是職場生存的必修課。

所謂功能固著，指的是人們對事物的這樣一種心理定勢：當一個人看到它的一種慣常的功用後就很難再看出它的其他新用途。特別是如果初次看到的功用越重要，他就越難看出它的其他用途，這種現象在心理學上被稱作功能固著。

實際上，功能固著效應講的是一種局限於舊經驗舊理論的效應。在生活中，我們要學會逆用功能固著心理。遇到問題不妨從不同的角度、不同的方面去考慮，只有這樣，才能使問題更加容易解決。也就是說，我們在遇到問題時不僅要能隨機應變，尋找答案，鍛鍊思維的靈活性；更要學會善於駕馭現場條件，因地制宜、因陋就簡、因人而異地解決當前所面臨的問題和所面臨的人。

比如說，在工作中，很多人就形成了「功能固著」效應，老是認爲員工和上司相處，就是上司拿捏員工，而員工在「控制」上司上沒有主動權。其實，這是錯誤的。只要我們能逆用功能固著心理，因人而異，抓住上司的個性具體施法，什麼樣的上司，我們都能相處，並且處得很好。

一、如何與狹隘的上司相處

所謂狹隘，也就是人們常說的氣量小，心胸狹隘。那麼，在工作中，如果遇見心胸狹隘的上司，我們應該如何與之相處呢？

(1) 大度得體好相處

與心胸狹隘的上司相處，自己首先應該大度得體，培養容人之短的雅量，多看上司的長處，不人爲放大上司的缺點和不足。多從大局出發考慮問題，以上司對自己的嚴格要求爲做好工作的動力，力爭圓滿完成上級交給的各項任務。工作中應該多請示彙報，多聽取上級的意見，求得上司的理解、支持與指導。對待上司的批評要虛心接受，有則改之，無則加勉。如果在工作中和上司產生意見分歧，不能隨意頂撞，而要尋找適當時機和場合，採用比較婉轉的方式，誠懇地談出自己的意見，讓上司感受到你的真誠無私，以便共同營造團結和諧的工作環境。

（2）主動架起信任之橋

遇到一個心胸狹隘的上司，的確不是一件令人愉快的事情，但並非完全無法與之融洽相處。下屬應積極與上司溝通思想，主動架起信任之橋，在工作中大膽展示自己的才華，在生活中謙虛謹慎，與人爲善，求得周圍同事包括上司的理解與信任。

（3）以柔化剛融堅冰

下屬無法選擇什麼樣的上司。與心胸狹隘的上司相處，一定要本著增進團結、維護上司威信的原則爲人爲事。當上司對自己有誤解時，不要意氣用事地與之發生正面交鋒，也不要意志消沉，一蹶不振。可以採取以柔化剛的方法融化堅冰，盡釋前嫌，做到思想上多溝通，工作上多支持，生活上多關心，禮節上多尊重。畢竟人心都是肉做的，你如此以德報怨，必能慢慢就會化解上司對自己的誤會。

（4）換位思考改善關係

與心胸狹隘的上司相處，應該經常作點換位思考，多從對方的角度想想問題，有助於抑制消極情緒。作爲下屬，尤其應該注意的是，要始終明白對方是自己的上司，處處應尊重他，服從他，維護他；要謙虛謹慎，凡事多請示，多彙報，多求教；要培養寬廣的胸懷和良好的涵養，理解和支持上司的工作，多從全面上考慮問題。一般來說，只要下屬積極主動地做好化解矛盾、消除隔閡、改善關係的工作，就能夠逐步得到上司的理解與認同。

（5）不要互不相讓

有一個小故事，說的是一位老師在一塊白布上塗上一個小黑點，然後問學生看見了什麼。

同學們異口同聲地說：「一個小黑點！」

老師卻說：「不！這首先是一塊大白布！爲什麼你們僅僅看見那個小黑點而看不到這塊白布呢？」

這個故事寓意深刻：看問題不能一葉障目。看人也是如此。如果我們僅僅盯著上司的小黑點，對他的優點和長處視而不見，當然難以融洽相處。兩人互不相讓，你看我不順眼，我就看你不舒服，只會越鬧越僵。所以，對心胸狹隘或者有其他缺點的上司，明智之舉是看本質、看長處、看優點。有了矛盾隔閡，還應該多反思自身的不足，不能把責任都推到別人身上。

總之，作爲下屬，首先應該尊重上級，服從老闆，凡事多找找自己的不足，既不能誇大上司的弱點而對其長處視而不見，也不能把所有的問題都看成是上司的弱點造成的，更不能想當然地把上司的批評一概視爲跟自己過不去。須知，即使是心胸比較狹隘的上司，也會考慮工作大局，發揮下屬的積極性，而不會處處與人結怨。

二、如何與虛偽的上司相處

他說「也許」的意思就是「必須」，他說「可能」的意思就是「一定」，他說「隨便」的意思就是「要按照他的意思百分之百地執行」。你永遠不能以他的字面意思來領會他的真實意圖，否則就等著以「不服從領導罪」論處吧。對於這樣表面遷就和善，而內心霸道專橫的虛僞上司，我們這些做下屬的到底要如何面對呢?難不成我們遇到虛僞型上司就跳槽?可是在職場中，虛僞型上司數量驚人的多，有多少地方可以讓我們跳槽?如果新職場又是老問題該怎麼辦?

(1)虛偽上司渴望的人際關係

被人們誤解爲虛僞的上司們，往往堅守這樣的原則：「在安排工作的時候態度要和藹，因爲即使自己態度嚴厲，也不能減輕下屬所承擔的責任。」

在他們看來，頤指氣使凌駕於員工之上不是稱職上司的做法，視下屬爲下等人也是不禮貌的行爲，更加不是一種好的管理方法。因此，他們希望以儘量婉轉、友善的態度，讓下屬知道他們的問題所在，以及他們應該怎麼做。露骨地揭短、粗魯地命令會令他們覺得有罪惡感——彷彿自己變成了兩千年前專橫、野蠻的奴隸主人而深爲羞恥。所以，他們總是儘量地讓自己說的話婉轉些，再婉轉些，甚至到了別人無法領會的程度。

(2) 對付虛僞上司的絕招

在一個相對平等的文明社會裡，每個人都可以在會議上發表自己的觀點，而老闆、上司以及客戶的觀點會得到特別的重視。在某種程度上，忽視上司的權威地位被看做是犯上，這在大多數公司都會成爲解雇員工的理由。因此，作爲下屬，你很有必要以他們習慣的方式進行溝通。

如果他說：「果園裡的蘋果熟了。」

他的意思是，希望你去及時採摘。

他沒有提到採摘的時間、人數、工具等一系列問題，並不等於他還沒有想好要怎麼做。實際上他在等你主動和他確認。

「我要在幾天內完成？」

「我要到哪裡去領工具？」

「公司可以給我配備多少人手？」

你要不停地提出假設，得到確認。再提出假設，再得到確認。需要特別注意的是：

當他在聆聽你說話並頻頻點頭時，並不等於他同意你的觀點，他只是在說，我在聽，我聽懂你的意思了。至於他是否同意你的觀點，你需要再和他確認。

他不喜歡當面衝突，他不反駁你，但並不是說他就接受了你的意見。

權威度表現低的人往往也很有魄力，只不過他的表現方式不同而已。

他提出的建議往往就是他想要你做的事。

對付虛偽型上司，最好的相處之道，就是強迫自己去喜歡他們。讓自己感覺到，他們的存在是有價值的，對你有利的。

唯有這樣，才可能潛伏下去，等待到最後反擊的機會。

三、如何與暴躁的上司相處

職場中，難免會碰到性情比較暴躁的上司。這種時候，我們該怎樣與之相處辦事呢？

所謂性情暴躁的人，通常是指那種好衝動，做事欠考慮，思想比較簡單，喜歡感情用事，行動如急風暴雨的人。一般的，這種人沒有太多的心計，喜歡直來直往，不會繞圈圈，同時他也不會爲別人考慮太多。正是因爲這樣，這種人容易被得罪也容易得罪別人。許多人都不願意和這種性情暴躁的人來往。

其實，這是一種對人認識不足的偏見。他們身上也會有很多優點，在與這類上司相處時不妨好好利用這些優點，你就會發現，事情完全不像想像中那麼難辦。

首先，這一類型的上司常常比較直率。心裡想什麼，就會直接把它表現出來，不會搞陰謀詭計，更不會在背後算計人。他對某人有意見，會直截了當地提出來。所以，與其和那些城府較深的上司相處，還不如與這種上司打交道。

其次，這一類型的上司一般比較重義氣、重感情。只要你平時對他好，尊敬他，他會加倍報答你，並維護你的利益。所以，和這類上司相處，不一定非要那麼客套，或講什麼大道理。你只要以誠相待，他必定真心相對。

最後，這類上司還有一個特點，就是喜歡聽奉承話、好話。因此，與其相處的時候，最好多採用正面的方式，而謹慎運用反面的或批評的方式。這樣，往往可以取得更好的效果。

總之，在求助這類上司的時候，不必含蓄，不必講太多的技巧，有什麼說什麼就可以了。平時交往過程中對他義氣些，搞好彼此的關係，你有事情去求他，只要能做到，一般他不會袖手旁觀的。這時，你就可以講明困難，請求他的幫助，而無須拐彎抹角，費盡心機地想法求他了。你可以真誠一些，說一些好聽的話。這樣十有八九，他會欣然幫助你的。

四、如何與清高孤傲的上司相處

在職場中，有的上司往往自視清高、目中無人，處處表現出一副「唯我獨尊」的樣子。與這種舉止無禮、態度傲慢的上司相處，確實是一件很讓人頭痛的事情。可是，如果遇到這樣的上司，我們是別無選擇的，那麼這類上司相處時，該怎麼辦呢？

或許有人會說，對這種人就必須以牙還牙。他傲慢無禮，我便故意怠慢他。這種做法在有些時候也許是必要的，但這裡面感情成分太大，甚至是感情用事。似乎對方的傲慢清高對我們是一種侮辱，於是，我們也要用這種方式去回擊他。但理智現實地思考一下自己的處境和目的，我們就會發現尋找適當的接近方式讓他認可接納你才是上上之策。因爲，如果他傲慢、你怠慢，便極有可能使交往無法順利進行下去，這顯然對自己不利。

我們應該從如何使自己辦事成功出發來選擇自己的行為方式，而不能僅憑感情用事而白白浪費時間與機會。總之，你要在不得罪對方的前提下，達到你的目的，所以和這樣的上司說話、辦事一定要小心謹慎。

讓老闆對自己產生好感

要想讓別人喜歡你，那麼你就應該懂得迎合別人的喜好。這時候，如果你能恰當地運用喜好效應，那麼，你就會收到意想不到的效果。

所謂喜好效應，從字面意思來理解就是以別人所喜歡的和所愛好的為目標，讓自己的行為符合別人的審美趣味和心理標準。簡單來說，就是別人喜歡什麼，你就幹什麼；別人不喜歡什麼，你就儘量少幹或者不幹。

在這個世界上，從辦公室上班族，到街頭的推銷員，從職業經理到普通的員工……無數的人都在追問一個問題：該怎樣讓別人對自己產生好感。

當然，從這個問題中我們就可以衍生出很多疑問：為什麼老闆不喜歡我？為什麼同事不喜歡我？為什麼我不能第一面就能吸引我的客戶？

職場上，你會碰到各式各樣的老闆，怎樣和老闆相處？這時候，你要總結出老闆的風格：如果你的老闆是一個行動派，那麼你做事就應該儘量講求效率速度，讓自己和老闆一樣雷厲風行；如果你的老闆喜歡聽建議，那麼你就要多想一些好的點子，及時反映給老闆；當然，這一方面既迎合了上司，另一方面在過程中，你可以不斷鍛鍊自己。

多年的工作經歷，好不容易熬進了更高級別，成了管理者。張偉有了更大夢想，他希望隨著企業的快速發展，加上自己的努力，在三十歲之前成爲更高的管理者。

然而，公司進行人事調整，原來自己的直線上司調走了。爲了縮減成本，企業沒有重新對外招募，也沒從內部提拔，而是由原來的一個總監兼任空缺出來的職務。

新上任的總監剛開始時對新工作還頗有幾分新鮮感，但時間一久，再瞭解中間的流程後，也就不是很用心了。剛開始的時候，這個總監還透過頭腦風暴激發大家的創意，可是後來，因爲總監對工作不再那麼用心，頭腦風暴會議被取消了。

由於新上司不善於與其他團隊溝通，張偉所在的部門不論是業績還是影響力都一落千丈，所有員工都鬱悶極了。張偉也不知如何是好，感覺前途一片迷茫。

在職場上，遇到和張偉一樣情況的中層主管有很多，他們夾在員工與上層主管之間，上面面對的是喜歡「單打獨鬥」的主管，底下面對的是抱怨不斷的員工。那麼，到底該如何和這種主管相處呢?在這裡，張偉的負面情緒束縛了他的手腳。

其實，不管你的上司是一個什麼性格的人，你的正確做法都不是厭惡他，而是利用自己的主動和迂迴能力，把更多精力投入到自己能做好的事情上，來扭轉當前的局面。

你不妨從以下幾個方面著手：

一、適時彙報「士氣」和「軍情」，當好上司的眼睛和耳朵，讓上司知道當前的情況，讓上司快速做出相關決策和行動。

實際上，新上司到一個新職位，在短時間內對一個職位的瞭解是欠缺的，這時候，作爲一個中層管理者，不妨多向上司彙報部門的相關情況，讓上司不得不去關注這個部門；另一方面，作爲中基層管理者，張偉要多些擔當精神，要敢於向上司回報本部門的民意。

二、當下屬對當前工作氛圍很不滿時，這時作為一個中基層管理者，張偉應該

努力做出一些力所能及的事情，來改變死氣沉沉的局面，重新激起大家的工作熱情。而不是和大家一樣只知道鬱悶。這時候，張偉可以向下屬們講講企業的願景，讓員工重新擁有工作的未來。

三、既然上司樂於扮演「單打獨鬥」的角色，張偉更應該用好用活手中的權力。做一個有主見的領導者，主動和上司及時溝通，一方面讓上司更相信你的能力，另一方面也讓自己不斷提高。

用好手中的權力不是越權，而是給上司起碼的尊重。如果你的意見被上司知道了，但他不能解決，讓主管自己向更高的領導層彙報，而不是你越級彙報。這樣，一旦上司認同了你的做事方法與能力之後，他會放手讓你去做更多的事情，給你更大的工作自由與空間。

與老闆保持一致

通常情況下，上司或者老闆礙於身份，許多話無法直截了當地說出來，如果你是一個有心人，透過察言觀色，充分領會出他的潛臺詞，肯定會獲得老闆的認可。

身爲下屬，腦筋要轉得快，要跟得上老闆的思維，這樣才能成爲老闆的得力助手。爲此，你不僅要努力地學習知識技能，還要向你的老闆學習，這樣才會聽得懂老闆的言語，與老闆步調一致。

和老闆步調一致是員工與老闆實現合作上的雙贏的重要前提。如果你的老闆總抱怨你不靈通，交代多少遍都不明白，那麼你就有必要檢討自己，在領悟力上多下工夫，否則你將很難得到老闆的賞識。

因此，在和上司交往的過程中，我們要注意透過接觸瞭解上司平時待人接物的方式、方法，從他的個人經歷、性格偏好等方面仔細揣摩他言行的本意，這樣才能正確體會到上司的真正用意，與老闆做到步調一致。

萊恩是一家廣告公司的職員。他本來在一個職位上做得很優秀，但上司突然調他到一個偏遠地區，而偏偏那個倒楣的地區拓展業務又特別困難。

爲此，萊恩十分不滿，他說：「我工作這麼努力，一直都盡職盡責，但現在不但沒有升遷，反而將我調到了這麼糟糕的部門，這不是明擺著讓我主動辭職嗎？」

但實際情況是，他的上司發現萊恩是個不可多得的青年才俊，就是太年輕，辦事欠穩妥，有時不夠深思熟慮，因此決定派他到另一處去鍛鍊一段時間，以備將來委以重任。

當萊恩以「想到其他城市去發展」爲由將辭職書扔在上司桌子上時，上司十分惋惜地說：「如果你能留下來，將來的前途是會很遠大的。但是，你既然另有所求，並已經決定要離開，那麼，我也只好祝你好運了！」

上司的一番好意，完全被萊恩誤解了。不但如此，上司也可能還會認爲萊恩不能吃苦耐勞，怕受累才離開公司的，這種人當然不能委以重任，幸而發現得早，否則還真看走了眼。

另外，要正確領會老闆的意思，我們要善於和老闆換位思考。

實際生活中，很多人不懂得與老闆換位思考。

哈佛商業學校校長金・克拉克博士認爲這點是許多人事業上不成大器的重要原因之一，他說：「在我們從事的商業界中，的確有不少似乎充滿了才華的人，他們工作勤奮、對主人的旨意從不打折扣，他們自己也堅信是很熱心地服務於自己的公司的。他們的這種勤奮及忠誠在一定程度上也獲得了上司及老闆的好感，並提升他們做自己手下的管事或領班。但是，他們就是不能再一次地超越自我，其前程也永遠止步不前了。」

爲什麼呢？

金・克拉克博士接著說：「最簡單的理由就是因爲他們對於每個問題常常是依照他們自己所熟悉的那一局部的辦事立場來解決，他們根本沒有想到考慮全域或以公司老闆的立場去解決。他們也從不將自己置身於公司老闆的位置去設想：『老闆爲什麼這麼想？他是怎樣看待這一問題的？我的想法與老闆的差距何在？如果我真的處於老闆的位置，對於這類事情我又該如何去處理？』」

這就是這類人的問題所在。從前做過報童，後來成爲美國萬國協會主席的布雷西也說過：「在我所做過的許多事業中，幫助我最多的是依照我上司的辦事習慣去做我的事，因爲我知道雖然我想步出眾人的行列，但當時我的能力還不及我的上司。我熟悉我的上司，在我做每件事的時候，我的每一個舉動，每一個念頭都模仿上司，並趕在他之前。我常常比他早到辦公室，幫他做一些我預想到他肯定會做的事情，以此證明我腦筋的敏銳。就這樣，經過不斷地自己鍛鍊，終於成熟了自己。」

我們要多做公司發展需要的事，有一個重要的原則就是要跟得上老闆或者上司的思維，與老闆步調統一。這樣，你才能夠忙在點子上，為公司貢獻更多的力量。

領悟意圖術，聽出老闆的話裡話

在工作中，很多員工即便是接受了完整的指示，卻依然把工作做得一塌糊塗。很重要的一個原因就是，這些員工在接受任務的時候僅僅是領受而不是領悟。

所謂領悟意圖，就是當老闆沒有直接下達明確的命令，你也能從老闆的話裡聽到老闆真正想說的，也就是我們所說的聽出老闆的話裡話。

讀懂上司最能考驗一個人的「悟性」。經常聽到老闆說某某人「悟性好，一點就透」，也經常聽到老闆抱怨某人「不靈通，翻來覆去交代多少遍也聽不懂」。由此可知，善於讀懂老闆也是讓他重視你的一個重要方面。

俗話說：「鑼鼓聽聲，聽話聽音。」意思就是很多人說話比較含蓄，我們要抓住別人的真正意圖，就要能聽出別人的話裡話。同樣，在工作中，上司的意圖有時不會直截了當表達出來。這時候，我們要將指令執行到位，就要能夠領悟老闆的意圖，聽出老闆的話裡話，做一個「善解人意」的員工。

領受就是老闆交代任務之後，埋頭就做，也不問問老闆有哪些注意事項，有哪些特殊要求；而領悟就是在接受工作之後，徹底弄明白老闆到底想要一種什麼結果。

在工作中，類似的工作，不同的人卻能做出不同的結果。有的人一次到位，做得讓老闆很滿意；有的人重做了好幾次，卻依然達不到老闆的要求。爲什麼？一個很重要的原因就是，在接受了任務之後，員工一知半解，做起事來只是想當然。

很多員工，在接受指示之後，並沒有真正弄清老闆的本意，但因爲怕老闆說自己理解能力差，擔心給老闆留下不好的印象，不敢向老闆問明白，所以只是違心地回答「是」、「明白」，而實際上，對老闆意圖卻一知半解、理解不清，對老闆在某個階段、某項工作、某個問題的想法更是不清不楚，結果落實起來與老闆意圖「南轅北轍」。所以爲了讓自己儘量少走彎路，我們要從主動詢問中掌握真實意圖，千萬不要只想著悶頭做事。

其次，在接受任務時，千萬不要斷章取義。你應該多站在老闆的角度想想怎樣將工作做得更全面。而不是全憑著感覺，就把工作給做了。

再次，我們就是要提高自己的思維能力。從綜合分析中理解老闆的意思，不要生搬硬套。如果你在接到一項任務時，實在不知道該如何去下手，並且也不好意思開口問老闆，你不妨詢問一下其他的同事，或者是老闆身邊的一些得力人物，透過集思廣益來做好交代的任務，也是一種不錯的方法。

在《海爾中國造》一書中講過這樣一個小故事：

有一次張瑞敏問常務副總裁楊綿綿有沒有辦法「讓淡季不淡」，張瑞敏就這麼一句淡淡的閒聊，竟讓楊綿綿生出構思出一個新產品和一套全年銷售的新方案。爲了能夠真正做到「淡季不淡」，楊綿綿鼓勵所有的研發人員不斷努力，經過辛苦攻關，終於設計出一種體積小的夏季洗衣機。並且，海爾研究人員從此樹立了「只有淡季的思想，沒有淡季的市場」這一市場理念。

在這裡，張瑞敏並沒有下達完整的工作指示，僅僅是聊天的一句話，楊綿綿卻完全領會到了老闆的意思，並根據老闆的意思，創造出了洗衣機的夏季新品種，這中間表現的是上下級觀念的匹配性。

當然，作爲下屬，每個人都想更好地聽出老闆的意圖。畢竟，準確瞭解上司的意圖是你與上司搞好關係的前提條件。要做到瞭解上司的性格、工作方法和思維方式，以便在工作中更好地配合老闆的意圖，提高工作效率。

在工作中，很多老闆下達指示時，並不是直接說出來，也就是說他們下達的指示並不是完整的指示。這時候，作為下屬，我們更應該培養自己的領悟力，讓自己從不完整的指示中，聽出完整的指示。

讀品文化-讀者回函卡

■ 謝謝您購買本書，請詳細填寫本卡各欄後寄回，我們每月將抽選一百名回函讀者寄出精美禮物，並享有生日當月購書優惠！
想知道更多更即時的消息，請搜尋"永續圖書粉絲團"

■ 您也可以使用傳真或是掃描圖檔寄回公司信箱，謝謝。
傳真電話：（02）8647-3660　　信箱：yungjiuh@ms45.hinet.net

◆ 姓名：　□男　□女　□單身　□已婚

◆ 生日：　□非會員　□已是會員

◆ E-Mail：　電話：（　）

◆ 地址：

◆ 學歷：□高中及以下　□專科或大學　□研究所以上　□其他

◆ 職業：□學生　□資訊　□製造　□行銷　□服務　□金融
□傳播　□公教　□軍警　□自由　□家管　□其他

◆ 閱讀嗜好：□兩性　□心理　□勵志　□傳記　□文學　□健康
□財經　□企管　□行銷　□休閒　□小說　□其他

◆ 您平均一年購書：□ 5本以下　□ 6～10本　□ 11～20本
□ 21～30本以下　□ 30本以上

◆ 購買此書的金額：

◆ 購自：　市(縣)
□連鎖書店　□一般書局　□量販店　□超商　□書展
□郵購　□網路訂購　□其他

◆ 您購買此書的原因：□書名　□作者　□內容　□封面
□版面設計　□其他

◆ 建議改進：□內容　□封面　□版面設計　□其他
您的建議：

剪下後傳真、掃描或寄回至「22103新北市汐止區大同路三段194號9樓之1讀品文化收」

221-03
新北市汐止區大同路三段 194 號 9 樓之 1
讀品文化事業有限公司　收

電話/(02)8647-3663　傳真/(02)8647-3660
劃撥帳號/18669219　永續圖書有限公司

請沿此虛線對折免貼郵票或以傳真、掃描方式寄回本公司，謝謝！

讀好書品嘗人生的美味

你還不懂的職場交往心理學